하나님을 바로 알자

THE KNOWLEDGE OF THE HOLY
by A. W. Tozer

Copyright ⓒ 1961 by Aiden Wilson Tozer
Published by arrangement with HarperCollins Publishers, Inc.
All rights reserved

Korean translation copyright ⓒ 1983, 1997, 2008 by Word of Life Press
Korean translation rights arranged with Harper San Francisco,
through EYA (Eric Yang Agency)

이 책의 한국어 판 저작권은 EYA (Eric Yang Agency)를 통한
Harper San Francisco사와의 독점계약으로 한국어 판권을 생명의말씀사가 소유합니다.
저작권법에 의해 한국 내에서 보호를 받는 저작물이므로 무단전재와 복제를 금합니다.

토저 대표작 시리즈 3
하나님을 바로 알자

ⓒ 생명의말씀사 1983, 1997, 2008

1983년 7월 15일 1판 1쇄 발행
1993년 12월 30일   3쇄 발행
1997년 1월 15일 2판 1쇄 발행
2005년 7월 30일   6쇄 발행
2008년 10월 25일 3판 1쇄 발행
2025년 1월 9일   10쇄 발행

펴낸이 | 김창영
펴낸곳 | 생명의말씀사

등록 | 1962. 1. 10. No.300-1962-1
주소 | 서울시 종로구 경희궁1길 6 (03176)
전화 | 02)738-6555(본사) · 02)3159-7979(영업)
팩스 | 02)739-3824(본사) · 080-022-8585(영업)

기획편집 | 박미현, 박혜주, 이은숙
디자인 | 디자인 midam
인쇄 | 예원프린팅
제본 | 보경문화사

ISBN 978-89-04-15800-3 (04230)
    89-04-18075-9 (세트)

저작권자의 허락 없이 이 책의 일부 또는 전체를
무단 복제, 전재, 발췌하면 저작권법에 의해 처벌을 받습니다.

하나님의 거룩하심에 대한 재발견

하나님을 바로 알자

에이든 토저 지음 | 전의우 옮김

the HOLY

생명의말씀사

Contents

서문 6

하나님을 바로 알자 제1부
하나님은 무엇과 같으신가?

1장 | 왜 하나님을 바로 알아야 하는가? 12
2장 | 하나님을 완전히 이해할 수 있을까? 19
3장 | 하나님의 속성이 하나님에 관한 진리다 29

하나님을 바로 알자 제2부
완전하신 하나님의 속성

4장 | 삼위일체_거룩하신 삼위일체를 경배하라 40
5장 | 자존성_하나님은 스스로 존재하신다 52
6장 | 자족성_하나님은 부족함이 없으시다 64
7장 | 영원성_하나님은 시작과 끝에 동시에 계신다 74
8장 | 무한성_하나님은 한계가 없다 82
9장 | 불변성_하나님은 조금도 변함이 없으시다 92
10장 | 전지_하나님은 모든 것을 아신다 102
11장 | 지혜_하나님은 모든 지혜의 근본이시다 109
12장 | 전능성_하나님은 모든 능력을 다 가지셨다 119
13장 | 초월성_하나님은 모든 존재 너머에 계신다 125
14장 | 편재성_하나님은 여기, 그리고 모든 곳에 계신다 133

하나님을 바로 알자 제3부

피조물에 드러내시는 하나님의 속성

15장 | 신실하심_하나님이 신실하시기에 소망이 있다　142
16장 | 선하심_하나님은 자기 백성의 행복을 기뻐하신다　149
17장 | 공의_ 공의가 없는 선은 선이 아니다　156
18장 | 자비_자비는 죄에 맞서는 하나님의 선하심이다　163
19장 | 은혜_하나님은 자격 없는 자에게 호의를 베푸신다　169
20장 | 사랑_사랑은 하나님께 속해 있다　176
21장 | 거룩_거룩한 존재는 하나님 한 분뿐이다　187
22장 | 주권_하나님의 주권 아래 자유를 누린다　196

하나님을 바로 알자 결론

하나님을 아는 기쁨

23장 | 공개된 비밀, 하나님을 알라　208

주　214

서문

　진정한 종교는 땅과 하늘을 만나게 하며, 영원과 순간을 이어 준다. 그리스도의 사자(使者)는 하나님 편에서 말하지만, 퀘이커 교도들의 입버릇처럼, 듣는 사람들의 "상황을 향해 말한다." 그러지 않으면 자신만 아는 언어로 혼자 중얼거리는 꼴이 되고 만다. 사자의 메시지는 시대를 초월하는 동시에 시대에 맞아야 한다. 그 시대 사람들이 알아들을 수 있어야 하기 때문이다.

　이 책의 메시지는 우리 시대의 정신에서 나온 산물은 아니지만 우리 시대에 꼭 필요한 메시지다. 이 책을 쓴 이유는 갈수록 나빠지는 교회의 상황 때문이다. 오늘날은 많은 이들의 신앙심에서 위엄(majesty)을 찾아볼 수가 없다. 교회는 그동안 간직했던 하나님에 대한 고귀한 개념을 포기했다. 그러고는 예배할 가치가 전혀 없을 만큼 지극히 낮고 비천한 하나님의 개념을 그 자리에 대체해 버렸다. 물론 교회가 의도적으로 그런 것은 아니나 알지 못하는 사이 조금씩 조금씩 그런 의식에 물들고 말았다. 더욱 비극적인 것은 교회가 이 사실을 여전히 모른다는 것이다.

저급한 신관(神觀, view of God)은 그리스도인들 사이에 거의 보편화되었다. 또한 우리 가운데 어디에나 퍼져 있는 수많은 악의 원인이 되었다. 이처럼 잘못된 종교적 사고가 생활에까지 영향을 끼쳐 그리스도인의 삶에 대한 전혀 새로운 철학을 낳았다.

하나님의 위엄에 대한 감각을 잃어버리면서 종교적 경외심과 하나님의 임재에 대한 의식이 더욱 약해졌다. 우리는 예배의 영을 잃었으며, 조용히 경외하는 가운데 내면 깊이 들어가 하나님을 만나는 능력도 잃어버렸다. 현대 기독교는 성령으로 사는 삶의 가치를 알거나 그런 삶을 경험하는 그리스도인을 길러 내지 못하고 있다. "너희는 가만히 있어 내가 하나님 됨을 알지어다" 시 46:10라는 말씀이 자만심으로 가득 차 바쁘게 일만 하는 오늘날의 예배자에게는 아무런 의미도 없다.

지난 수백 년 사이 종교는 힘을 얻고, 교회는 전례 없는 번영을 누렸다. 그런데 아이러니하게도 그러는 동안 우리는 위엄의 개념을 잃어버렸다. 무엇보다 염려스러운 일은 우리가 얻은 유익의 대부분이

외적인 반면에 잃어버린 것은 모두 내적이라는 사실이다. 그리고 종교의 질(quality)은 내적 상태로부터 영향을 받기 때문에, 엄밀히 말하면 우리가 얻은 유익도 결국은 넓은 의미의 손실에 불과하다.

영적 손실을 메우려면 원인을 찾아 진리에 맞게 고쳐야 한다. 거룩하신 하나님을 아는 지식이 줄어들면서 우리에게 문제가 생겼다. 하나님의 위엄을 재발견하는 것만이 이 문제를 치료하는 길이다. 하나님에 대한 생각 자체가 잘못되어 있으면서, 도덕적으로 건전하게 행동하고 내적으로 바른 태도를 유지하기란 불가능하다. 삶에서 영적 능력을 회복하고 싶다면, 있는 그대로의 하나님(as He is)을 올바로 알아야 한다.

하늘에 계신 존엄하신 분(Majesty)을 더 잘 이해하는 데 조금이나마 도움이 되길 바라면서, 하나님의 속성에 관한 부족한 책을 내놓는다. 오늘날의 그리스도인들이 어거스틴(Augustine)이나 안셀름(Anselm) 같은 대가들의 글을 읽는다면 이 책은 필요 없다. 그러나 현대 그리스도인들은 이러한 대가들에 관해 이름 외에는 아는 게 없다. 출판사들은 의무감으로 이들의 책을 재인쇄하고, 이 책들은 때가 되면 책장의 자리 하나를 차지한다. 그러고는 그렇게 내내 책꽂이에만 있으면서 먼지를 뽀얗게 뒤집어쓴다. 오늘날 종교적 분위기로 볼 때, 교양 있는 그리스도인들이라도 사실상 이들의 책을 읽기란 불가능하다.

무거운 종교적 주제를 다루는 수백 페이지짜리 책을 읽으려면 오랜 시간 집중해야 하지만, 이렇게 할 그리스도인이 많지 않다. 이러한 책은 많은 사람들에게 학교에 다닐 때나 마지못해 읽기 시작했다가 절망을 느끼며 덮어 버린 세속적 고전과 다를 바 없다.

이런 여러 이유 덕분에, 이런 책을 쓴 나의 노력이 어느 정도는 유익한 결과를 맺을 거라 생각한다. 이 책은 비밀스럽지도 않고 기술적이지도 않기 때문이다. 그리고 순수한 예배의 언어로 기록되었기 때문에, 대부분의 사람들은 이 책을 읽고 싶은 마음이 들 것이다. 이 책에는 건전한 기독교 신학과 상충되는 내용은 전혀 없다. 그러나 이것은 전문 신학자들이 아니라 하나님을 찾으려는 갈망으로 가슴이 뜨거운 보통 사람들을 위한 책이다.

이 작은 책이 우리 가운데 개인적인 마음의 종교(heart religion, 존 웨슬리가 강조하는 살아 있는 기독교를 나타내는 표현이다—옮긴이)가 증진되는 데 조금이나마 도움이 되길 바란다. 그리고 몇몇 사람이라도 이 책을 읽고 용기를 얻어 하나님에 대한 묵상을 시작하고, 그 수고보다 많은 대가를 얻길 바란다.

A. W. 토저

the Holy

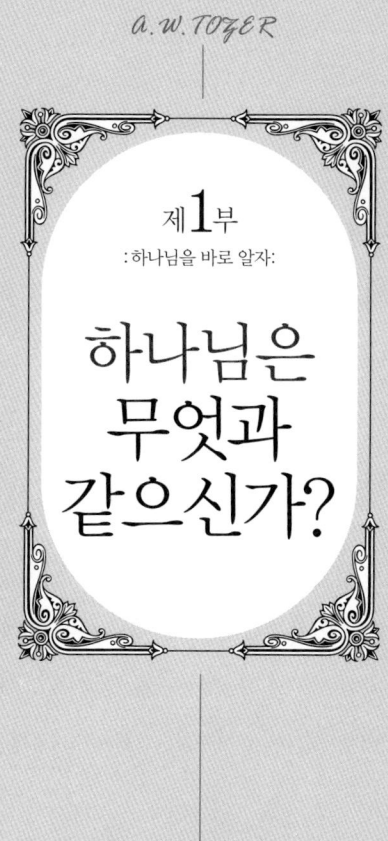

A.W. TOZER

제 1부
:하나님을 바로 알자:

하나님은 무엇과 같으신가?

왜 하나님을 바로 알아야 하는가? | 하나님을 완전히 이해할 수 있을까? | 하나님의 속성이 하나님에 관한 진리다

1장 : Why We Must Think Rightly About God

왜 하나님을
바로 알아야 하는가?

전능하신 주 하나님, 당신은 철학자들과 현자들의 하나님이 아니라 선지자들과 사도들의 하나님이십니다. 무엇보다도 당신은 우리 주 예수 그리스도의 하나님이며 아버지이십니다. 이러한 하나님을 제가 어떻게 흠 없이 표현하겠습니까?

당신을 아는 사람들이 당신을 있는 그대로의 당신이 아니라 다른 분으로 부르지 않게 하시며, 당신을 그들의 공상으로 만들어 낸 피조물로 알고 예배하지 않게 하소서. 그리하여 우리의 지성을 밝혀 당신을 있는 그대로 알게 하시고, 당신을 온전히 사랑하며 당신에게 합당한 찬양을 돌리게 하소서.

우리 주 예수 그리스도의 이름으로 기도합니다. 아멘.

인류 역사를 보면, 자신의 종교보다 높이 비상한 민족은 없었다. 인간의 영적 역사를 보면, 자신의 신관(神觀)보다 위대했던 종교 또한 없었다. 예배는 예배자의 신관이 높으냐 낮으냐에 따라 고결해질 수도, 비속해질 수도 있다.

바로 이런 이유 때문에 교회 앞에 놓인 가장 중대한 문제는 언제나 하나님 자체이다. 그리고 어떤 사람에게든 가장 중대한 사실은 그가 어떤 상황에서 어떻게 말하고 어떻게 행동하느냐가 아니라, 하나님을 어떤 분으로 생각하느냐이다.

우리는 영혼의 은밀한 법에 의해 자신의 생각으로 하나님의 형상을 만들어 내는 경향이 있다. 그리스도인 개개인뿐 아니라 교회를 구성하는 집단적 그리스도인들에게도 이런 경향이 있다. 교회를 가장 잘 보여 주는 것은 하나님에 대한 교회의 사상이다. 교회가 하나님에 관해 말하거나 말하지 않는 내용이 교회의 가장 중요한 메시지이기 때문이다. 이런 이유 때문에 교회의 침묵이 말보다 설득력이 클 때가 많다. 교회는 하나님에 관한 자신의 증언을 절대로 감추지 못한다.

어떤 사람에게 "하나님을 생각할 때 무엇이 떠오르십니까?"라고 물었을 때 완전한 대답을 얻을 수 있다면, 그 사람의 영적 미래를 확실히 예견할 수 있다. 우리 시대의 가장 영향력 있는 종교 지도자들이 하나님을 어떻게 생각하는지 안다면, 내일의 교회가 어디에 서 있을지 상당히 정확하게 예견할 수 있다.

인간이 품을 수 있는 가장 큰 생각은 하나님에 관한 생각이며, 어느 언어에서든 인간이 사용할 수 있는 가장 의미 깊은 단어는 하나님에 관한 단어다. 생각과 말은 하나님이 자신의 형상으로 창조한 피조물에게 주신 선물이다. 그러므로 생각과 말은 하나님과 밀접하게 연결되어 있어서, 하나님과 떨어질 수 없다.

최초의 단어가 말씀(Word)이었다는 사실은 아주 의미가 깊다. "태초에 말씀이 계시니라. 이 말씀이 하나님과 함께 계셨으니" 요 1:1. 우리가 말을 할 수 있는 것은 하나님이 말씀하신 덕분이다. 하나님 안에서 말과 생각은 따로 떨어지지 못한다.

가장 중요한 것은 하나님에 대한 우리의 생각이 진정한 하나님의 존재(true being of God)에 최대한 근접하는 것이다. 우리의 신앙고백은 하나님에 관한 우리의 실제 생각과 비교하면 별 것 아니다. 하나님에 대한 우리의 진짜 생각은 판에 박힌 종교적 관념의 쓰레기 더미에 묻혀 있기 때문이다. 그러므로 발굴되어 제 모습을 찾으려면 지적인 차원에서 왕성한 탐구를 해야 한다. 고통스럽고 혹독한 자기 성찰이 있은 후에야 비로소 우리가 하나님에 관해 실제로 믿는 바를 찾아낼 수 있을 것이다.

하나님에 관한 올바른 개념은 조직신학뿐만 아니라 실제 그리스도인의 삶에서도 기초가 된다. 하나님에 대한 올바른 개념과 예배의 관계는 성전의 기초와 성전 자체의 관계와 같다. 기초가 튼튼하지 못하거나 똑바르지 못하면 구조물 전체가 조만간 무너져 버린다. 교리적 오류든 기독교 윤리를 적용하는 데 실패했든 간에 궁극적 원인은 하나님에 대한 불완전하고 비천한 생각 때문이다.

오늘날 하나님에 관한 그리스도인들 사이에 팽배한 개념은 지존하신 하나님의 존엄에 전혀 미치지 못한다. 좀 지나치게 말하면 실제로 신앙을 고백하는 신자들을 도덕적 재난에 몰아넣을 정도로 퇴폐적이다.

이 세상 모든 문제가 한꺼번에 닥치더라도, '하나님은 있다. 하나님은 무엇과 같으신가? 도덕적 존재인 우리가 하나님에 대해 무엇을 해야 하는가?'라는 하나님에 관한 문제에 비하면 아무것도 아니다.

하나님에 대한 바른 신앙을 가진 사람은 이 세상 어떤 문제도 아무런 문제가 되지 않는다. 왜냐하면 얼마 못 가 다 해결될 것임을 알기 때문이다. 그러나 수많은 세상의 짐을 금세 떨어 버릴 수 있다 해도 단 하나의 영원한 짐이 세상 모든 고통이 한꺼번에 누르는 것보다 더 강하게 그를 짓누르기 시작한다. 바로 하나님께 대한 그의 의무를 말한다. 우리는 마음을 다하고 목숨을 다하여 하나님을 즉시, 그리고 평생 사랑해야 한다. 나아가 하나님께 온전히 순종해야 하며, 하나님이 받으실 만한 예배를 드려야 한다.

고뇌하는 인간의 양심은 그가 이 가운데 하나도 하지 않았으며 어릴 때부터 하늘의 존엄하신 분에게 반역하는 죄를 지었다고 소리칠 것이다. 그러면 스스로를 벌하는 강한 내적 압박감을 견디기 힘들다.

복음은 이러한 파괴적인 짐을 마음에서 덜어 주며, 재대신 화관을, 그리고 침울한 영혼에 찬양의 옷을 줄 수 있다. 그러나 짐의 무게를 느끼지 못하는 사람에게는 복음이 아무 의미도 없다. 그런 사람은 높이 들린 하나님을 볼 때까지 어떤 고통도 느끼지 못할 것이다. 저급한 신관으로 인해 복음까지도 그리스도인의 삶에서 제 능력을 발휘하지 못하는 것이다.

인간의 마음이 짓기 쉬운 죄 가운데 우상숭배만큼 하나님이 싫어하는 죄는 없다. 우상숭배는 하나님의 성품에 대한 모욕이기 때문이다. 우상을 숭배하는 마음은 하나님을 그분 그대로가 아닌 다른 분으로 생각하며, 참 하나님을 자신의 모양을 따라 만든 하나님으로 대체한다. 이러한 하나님은 항상 만든 자의 형상을 닮으며, 만든 자의 마음 상태에 따라 저속하기도 하고 순수하기도 하며, 잔인하거나 친절하기도 하다.

타락한 마음의 그늘에서 태어난 신이 참 하나님과 전혀 다른 건 당연한 일이다. 하나님은 시편에서 악인에게 "네가 나를 너와 같은 줄로 생각하였도다!"라고 말씀하셨다 시 50:21. 이것은 많은 사람들과 스랍들로부터 "거룩하다, 거룩하다, 거룩하다! 주 하나님 곧 전능하신 이여!" 계 4:8라고 찬양을 받으시는 지존하신 하나님에 대한 심각한 모욕이 분명하다.

우상숭배는 우리의 교만한 마음이 눈에 보이는 경배의 대상에 무릎을 꿇는 것이다. 따라서 문명인은 우상숭배로부터 자유롭다는 잘못된 생각에 빠지지 않도록 조심해야 한다. 우상숭배의 본질은 하나님에 대해 그분에게 합당하지 않은 생각을 품는 것이다. 우상숭배는 마음에서 시작되며, 꼭 명확한 예배 행위가 없는 곳에서도 존재할 수 있다. 그래서 바울은 이렇게 말했다. "하나님을 알되 하나님을 영화롭게도 아니하며, 감사하지도 아니하고, 오히려 그 생각이 허망하여지며, 미련한 마음이 어두워졌나니" 롬 1:21.

그 다음에 사람과 새와 들짐승과 기는 것들의 형상으로 만든 우상을 숭배하는 일이 뒤따랐다. 단, 이러한 일련의 타락 행위는 모두 마음에서 시작되었다. 하나님에 관한 잘못된 생각은 우상숭배라는 오염된 물이 흘러나온 원천일 뿐 아니라, 그 자체로도 우상숭배다. 우상숭배자는 그저 하나님에 관해 상상만 하면서 마치 그 상상이 진리인 양 행동한다.

하나님에 관한 왜곡된 개념이 종교에 나타나면 그 종교는 곧 부패한다. 이스라엘의 오랜 역사가 이 사실을 분명하게 보여 주며, 교회역사도 이 사실을 확인해 준다. 높고도 올바른 신관은 교회에 절대적으로 필요하다. 왜냐하면 교회의 신관이 쇠하면, 교회의 예배와 도덕적 기준도 따라서 쇠하기 때문이다. 높고 올바른 신관을 포기할 때, 교회는 예외 없이 내리막길로 향하는 첫 걸음을 내딛는다.

어디서든 교회가 기울어지기 전에 기본적인 신학이 먼저 부패한다. 교회는 "하나님은 무엇과 같으신가?"라는 질문에 잘못된 답을 얻었을 뿐이지만 여기서부터 잘못된 방향으로 나아간다. 교회는 명목상으로는 건전한 신앙고백을 여전히 견지할지 모르지만 실제적인 신앙고백은 이미 잘못되어 버렸다. 그 결과 많은 교인들은 실제 하나님과는 다른 하나님을 믿게 되는데, 이것이야말로 가장 은밀하면서도 치명적인 이단이다.

  이 시대의 교회에게 맡겨진 가장 중대한 의무는 하나님에게 합당하게, 그리고 교회에 합당하게, 하나님의 개념을 깨끗하게 하고 높이 끌어올리는 일이다. 교회는 모든 기도와 수고에서 이 일을 가장 우선순위에 두어야 한다. 우리가 앞서 간 수많은 세대의 히브리인들과 그리스도인들에게서 받은 숭고한 하나님의 개념을 퇴색하거나 축소하지 않은 채 다음 세대 그리스도인들에게 고스란히 물려준다면, 이것이야말로 우리가 줄 수 있는 가장 큰 은혜일 것이다. 이는 예술이나 과학이 할 수 있는 그 어떤 일보다 값진 일이다.

> 벧엘의 하나님, 지금도 당신의 손으로
> 당신의 백성을 먹이시나이다!
> 당신께서 이 피곤한 순례의 길에서
> 우리의 모든 선조를 인도하셨나이다!
> 우리의 서원과 기도를
> 이제 당신의 은혜의 보좌 앞에 두오니,
> 우리 선조의 하나님,
> 그 후손의 하나님이 되소서.
> ― 필립 도드리지(Philip Doddridge)

God Incomprehensible : **2장**

하나님을 완전히 이해할 수 있을까?

하나님, 우리는 크나큰 딜레마에 빠졌습니다. 당신 앞에서는 침묵이 최선이지만 사랑이 마음에 불을 지피기에 우리는 말하지 않고 못 배깁니다.

우리가 침묵하면 돌들이 소리칠 것입니다. 그러나 우리가 말을 한다면, 무슨 말을 해야 하겠습니까? 우리가 무엇을 말해서는 안 되는지 알 수 있도록 가르쳐 주소서. 하나님의 성령 외에는 그 누구도 하나님에 관해 알지 못하기 때문입니다. 이성이 넘어지는 곳에서 믿음이 서게 하소서. 우리가 믿기 때문에 생각할 뿐 믿기 위해 생각하지는 말게 하소서.

예수님의 이름으로 기도합니다. 아멘.

어린아이와 철학자, 종교인이 하나 같이 궁금해한다. "하나님은 무엇과 같으신가?"

바로 이 질문에 답하기 위해 이 책을 썼다. 그러나 먼저 일러 둘 것이 있다. 하나님이 그 무엇과도 다르다고, 하나님은 그 무엇이나 그 누구와도 정확히는 같지 않다고 말할 뿐 이 질문에 답하지 못한다는 사실이다.

우리는 이미 아는 것을 바탕으로 새로운 것을 배운다. 우리 인간에게 익숙한 것을 한순간에 뒤로하고 전혀 익숙하지 않은 것으로 들어가기란 불가능하다. 제아무리 높은 지성을 지녔다 해도 혼자만의 상상으로 무(nothing)에서 유(something)를 창조하지는 못한다.

신화와 미신의 세계에 많이 나타나는 괴상한 존재들도 인간이 상상해 낸 순수한 창조물이 아니다. 우선 땅과 하늘과 바다에 존재하는 일반적인 것들을 취하고, 익숙한 형태를 일반적 경계 너머까지 확대하거나 두어 가지 형태를 섞어 새로운 형태를 만들어 낸 것이다. 그러므로 이것들이 아무리 아름답거나 기괴하더라도, 언제든 원형을 밝힐 수 있다. 이미 우리가 아는 대상과 비슷하기 때문이다.

성령의 영감을 받은 사람들은 말로 표현하기 어려운 대상을 표현하기 위해 성경의 사상과 언어를 기술하는 데 대단한 노력을 기울였다. 성경은 자연을 초월한 세계에 대한 계시일 때가 많은데, 성경을 기록한 사람들은 자연의 일부에 지나지 않는다. 그러므로 성경 저자들은 '~와 같은'(like)이라는 비유를 사용할 수밖에 없었다.

성령께서는 우리의 지식을 초월한 것을 가르쳐 주려 하실 때, 우리가 이미 아는 그 무엇과 같다고 비유하여 말씀하신다. 단 우리가 저속한 문자주의(literalism)에 빠지지 않도록 묘사하신다. 예를 들면, 에스겔 선지자는 하늘이 열리는 모습과 하나님의 환상을 보았지만, 그 광경을 말로는 표현할 수 없었다. 그의 눈앞에 펼쳐진 광경이 이전에 알았던 그 무엇과도 전혀 달랐기 때문이다. 그래서 비유를 사용해 이렇게 표현할 수밖에 없었다. "또 생물의 모양은 숯불과 횃불 모양 같은데" 겔 1:13.

에스겔이 불타는 보좌에 가까이 다가갈수록 그의 말은 더 불확실해진다. "그 머리 위에 있는 궁창 위에 보좌의 형상(likeness of the throne)이 있는데 그 모양(appearance)이 남보석 같고 그 보좌의 형상 위에 한 형상(likeness)이 있어 사람의 모양(appearance) 같더라(likeness), 내가 본 즉 그 허리 이상의 모양(appearance)은… 이는 여호와의 영광의 형상의 모양(appearance of likeness)이라" 겔 1:26-28.

나름대로 애를 썼지만 그 초현실적인 인상은 제대로 그려 내지 못했다. 인간이 알고 있는 이 땅의 그 무엇과도 완전히 달랐기 때문이다. 그러므로 선지자는 자신이 보는 대상을 전달하기 위해 "형상"(likeness), "모양"(appearance), "말하자면"(as it were), "형상의 모양"(appearance of likeness) 같은 표현을 사용해야 했다. 심지어 보좌까지도 "보좌의 형상"(likeness of the throne)이 되며, 그 위에 앉으신 분은 사람을 닮았지만 사람과는 너무나 달라(unlike) "사람의 모양 같더라"(the likeness of the appearance of a man)라고밖에 표현하지 못했다.

성경에는 하나님이 당신의 형상을 따라 사람을 창조했다고 말한다. 이때 감히 이 말을 우리 생각대로 해석해 "정확히 그 형상으로"(in the exact image)라는 뜻으로 이해해서는 안 된다. 이렇게 하면 사람이 하나님의 복제품이 되고, 하나님의 단일성(單一性, unicity)이 상실되며, 하나님은 전혀 하나님이 아니게 된다. '하나님인 것'(That-which-is-God)과 '하나님이 아닌 것'(that-which-is-not-God)을 나누는 엄청난 차이를 허무는 일이 되는 것이다. 피조물과 창조주를 본질적으로 같게 생각한다면, 이것은 하나님에게서 그분의 속성 대부분을 제거하고 하나님을 피조물 수준으로 끌어내리는 일이다.

이를테면 하나님에게서 그분의 무한성(無限性, infinitude)을 제거하는 것이다. 우주에 무한한 실체가 둘일 수는 없다. 다시 말해 우주에 절대적으로 자유로운 존재가 둘일 수는 없다. 왜냐하면 완전히 자유로운 의지는 조만간 충돌할 수밖에 없기 때문이다. 이러한 속성들이 어울리는 분은 오직 한 분뿐이다.

우리는 하나님을 표현할 때 '하나님이 아닌 것'을 예로 들어 설명할 수밖에 없다. 따라서 우리가 마음속에서 하나님이라고 그려 내는 것은 어떤 것도 하나님이 아니다. 왜냐하면 하나님이 지으신 것을 토대로 하나님의 형상을 만들어 냈으며, 하나님이 지으신 것은 하나님이 아니기 때문이다. 굳이 하나님을 상상하려고 고집한다면, 결국 우상을 만들어 내고 만다. 이렇게 만든 우상은 생각의 산물이지만, 마음이 만든 우상은 손이 만든 우상만큼이나 하나님 앞에서 가증스러운 것이다.

쿠사의 니콜라스(Nicholas of Cusa)는 이렇게 말했다. "지성(知性)은 자신이 하나님, 당신에 대해 무지하다는 사실을 압니다. 왜냐하면 지성은 알 수 없는 것을 알지 못하고, 볼 수 없는 것을 보지 못하고, 접근할 수 없는 것에 접근하지 못하는 한 당신을 알지 못한다는 사실을 알기 때문입니다."[1]

니콜라스는 다시 말한다. "누구든지 당신을 알 수 있는 개념을 제시하더라도, 저는 그것이 당신의 개념이 아님을 압니다. 왜냐하면 모든 개념은 낙원의 벽에서 끝나기 때문입니다. ⋯ 그러므로 누구든지 당신을 안다고 말하면서, 당신을 알 수 있는 수단을 제시하려 한다면, 그 사람은 아직 당신에게서 멀리 있습니다. ⋯ 당신은 인간이 고안해 낸 모든 개념을 절대적으로 초월해 계시기 때문입니다."[2]

그냥 내버려 두면, 하나님을 다루기 쉬운 용어로 축소하려 들 것이다. 그분을 이용할 수 있는 곳으로 데려가고 싶어 하며, 최소한 하나님이 필요할 때 그분이 어디 계시는지 알고 싶어 한다. 어느 정도 우리 힘으로 제어 가능한 하나님을 원한다. 하나님이 무엇과 같으신지 아는 데서 오는 마음의 안정을 필요로 한다.

그렇다면 과연 하나님은 무엇과 같으실까? 그분은 우리가 본 모든 종교적 그림과 우리가 알고 있고, 또 지금껏 들어 온 가장 좋은 사람들과 우리가 품은 최고의 상상들을 모두 더해 놓은 합성물과 같다.

이 모든 것이 낯설게만 들리는 것은 지난 반세기 동안 하나님을 당연시해 왔기 때문이다. 이 시대 사람들은 하나님의 영광을 직접 경험하지 못했다. 현대 기독교에서 하나님은 그리스와 로마의 신들보다 열등하지 않다면 아주 조금 우월할 뿐이다. 그리스와 로마의 신들은 적어도 실생활에서 힘이 있었다. 하지만 이 시대에서 우리 하나님은 너무 약하고 무기력하다.

지금껏 하나님이라고 생각해 온 그분이 실제 하나님이 아니라면, 대체 하나님은 어떤 분이신 걸까? 신앙고백에서 말하듯이 하나님이 이해할 수 없는 분이며, 바울의 말처럼 접근할 수 없는 분이라면, 그리스도인들은 하나님에 대한 갈망을 어떻게 채울 수 있을까? "너는 하나님과 화목하고 평안하라" 욥 22:21는 희망찬 말씀이 수많은 세월이 지난 현재에도 살아 움직인다. 하지만 모든 지성과 감성을 동원해 노력해도 온전히 알 수 없는 그분을 어떻게 알 수 있단 말인가? 또한 이런 상황에서 어떻게 우리가 알 수 없는 것을 알아야 할 책임이 있다고 말할 수 있겠는가?

나아마 사람 소발이 물었다. "네가 하나님의 오묘를 어찌 능히 측량하며 전능자를 어찌 능히 온전히 알겠느냐? 하늘보다 높으시니 네가 어찌하겠으며 음부보다 깊으시니 네가 어찌 알겠느냐?" 욥 11:7-8. 그러자 우리 주님은 이렇게 말씀하셨다. "아버지 외에는 아들을 아는 자가 없고 아들과 또 아들의 소원대로 계시를 받는 자 외에는 아버지를 아는 자가 없느니라" 마 11:27. 요한복음은 인간의 지성이 큰 신비이신 하나님 앞에서 무기력하다는 사실을 보여 준다. 바울은 고린도전서를 통해 오직 성령께서 간절히 찾는 사람의 마음에 자기 계시를 행하셔야만 우리가 하나님을 알 수 있다고 가르친다.

알 수 없는 것을 알려 하고, 이해할 수 없는 것을 이해하려 하며, 접근할 수 없는 것에 이르려고 열망하는 것은, 인간의 본성에 하나님의 형상이 깃들어 있기 때문이다. 깊음은 깊음을 부르는 법인 까닭이다. 그리고 신학자들이 타락이라고 부르는 대재난 때문에 비록 인간이 부패하고 단절되었더라도, 영혼은 자신의 근원을 의식하며 그 근원으로 돌아가길 갈망한다. 그럼 어떻게 하면 근원으로 돌아갈 수 있을까?

성경 안에 명쾌한 답이 있다. "우리 주 예수 그리스도를 통해!" 하나님은 그리스도 안에서, 그리스도를 통해 자신을 완전하게 계시하신다. 단, 이성이 아니라 믿음과 사랑이 충만한 이에게 자신을 보여 주신다. 믿음은 지식의 기관(organ)이며, 사랑은 체험의 기관이다. 하나님은 성육신을 통해 우리에게 오셨으며, 대속을 통해 우리를 자신과 화해시키셨다. 그리고 우리는 믿음과 사랑으로 그분께 나아가 그분을 붙잡는다.

그리스도께 심취한 서정시인 리차드 롤(Richard Rolle)은 이렇게 말했다. "진실로 하나님은 우리의 생각보다 무한히 크시다. … 피조물은 절대로 그분을 알지 못한다. 그리고 언제 어디서라도 마음 깊이 하나님을 사모하면 피조되지 않은 빛을 받을 수 있으며, 성령의 은사로 감동되고 충만하여 하늘의 기쁨을 맛볼 수 있다. 나아가 마음은 보이는 모든 것을 초월하며, 영생의 달콤함을 맛보는 데까지 올라간다. … 여기에 진실로 완전한 사랑이 있다. 지성의 모든 의도와 마음의 은밀한 움직임이 들림을 받아 하나님의 사랑 속으로 들어갈 때 말이다."[3]

하나님은 이성적인 호기심만으로 알 수 있는 분이 아니다. 그분은 개인적으로 다정한 경험을 하게 하심으로써 인간의 영혼에 다가서신다. 이러한 사실을 가장 잘 표현한 역설이 있다.

> 머리에는 어둠
> 마음에는 햇빛
> —프레드릭 파버(Frederick Faber, 1814-1863, 영국의 찬송시 작사가로서
> '환난과 핍박 중에도'를 지었다.)

「무지의 구름」(The Cloud of Unknowing)이라는 작지만 유명한 책의 저자는 책 전체에서 이 주제를 다룬다. 그는 구도자가 하나님께 다가갈수록 그분이 무지의 구름 뒤에 숨어 있어 잘 보이지 않는다는 사실을 발견한다고 말한다. 그런 상황에서도 낙망하지 말고 끝까지 하나님께 나아가려는 분명한 뜻을 세워야 한다. 구도자와 하나님 사이를 구름이 가로막고 있기 때문에, 구도자는 지식의 힘을 빌려서는 절대로 하나님을 분명히 볼 수 없으며, 또 감정으로도 그분을 느끼지 못할 것이다. 그러나 구도자가 말씀을 믿고 전진하면, 하나님의 자비로 믿음을 통해 구름을 뚫고 하나님 앞에 나아갈 수 있다.[4]

스페인의 성자(聖者) 마구엘 데 몰리노스(Michael de Molinos, 1628-1696)도 자신의 저서 「몰리노스의 영성교훈」(Spiritual Guide)에서 똑같이 가르쳤다. 하나님은 손으로 영혼을 붙잡고 순전한 믿음의 길로 인도하신다는 것이다. "하나님은 우리에게서 모든 논리와 지식을 배제시키신 뒤에 우리 영혼을 이끄신다. … 그리하여 단순하고 천진난만한 믿음으로 가득 찬 영혼이 사랑의 날갯짓을 하면서 우리의 신랑만을 갈망하게 하신다."[5]

몰리노스는 이와 같은 가르침이 문제가 되어 종교재판을 받았고, 이단으로 몰려 종신형을 선고받았다. 그는 감옥에서 죽었으나 그가 가르친 진리는 결코 죽지 않았다. 그는 그리스도인의 영혼에 대해 이렇게 말한다. "영혼이여! 이 세상 가장 지혜로운 지성인이 만든 가장 정교한 개념이라도 네게 아무것도 말해 주지 못한다. 하지만 네가 사랑하는 분의 선하심과 아름다움은 그들의 모든 지식을 초월한다. 모든 피조물은 너무나 무지하기에 너에게 가르침을 줄 수 없으며, 너를 하나님을 아는 참된 지식으로 인도하지도 못한다. … 그러므로 네 안의 모든 지식을 버리고 오직 사랑으로 나아가야 한다. 너의 상상이 말하고 그려 내는 하나님이 아니라, 있는 그대로의 하나님을 사랑하라."[6]

"하나님은 무엇과 같으신가?" 이 질문을 "하나님이 **그분 자체로**(in Himself) 무엇과 같으신가?"라는 뜻으로 생각한다면 답은 어디에도 없다. 그러나 "하나님은 경건한 이성을 지닌 인간이 이해할 수 있도록 자신에 관해 무엇을 드러내셨는가?"라는 의미로 생각한다면, 만족스러운 답을 얻을 수 있다. 물론 하나님의 이름은 비밀스럽고 그분의 본질적 속성은 이해가 불가능하다. 하지만 하나님은 우리를 사랑하시므로 자신을 낮추는 계시를 통해 자신에 관한 몇 가지 진리를 선포하셨다. 이것이 곧 하나님의 속성이다.

주권자이신 아버지, 하늘의 왕이여,
이제 우리가 당신을 찬양합니다.
당신의 속성을 기쁘게 고백하오니
너무나 영화롭고, 셀 수도 없습니다.
—찰스 웨슬리(Charles Wesley, 1707-1788, 감리교 운동을 주도한 잉글랜드의 신학자이자 찬송가 작곡가. 감리교 창시자 존 웨슬리의 동생이다.)

A Divine Attribute: Something True About God : **3장**

하나님의 속성이
하나님에 관한 진리다

형언하지 못할 존엄하신 하나님, 내 영혼이 당신을 보기를 갈망합니다. 내가 티끌 가운데 당신께 부르짖습니다.

내가 당신의 이름을 묻지만 당신의 이름은 비밀입니다. 당신은 어떤 인간도 근접 못할 빛 가운데 숨어 계십니다. 당신은 인간이 생각하지도, 말하지도 못할 분입니다. 당신의 영광은 형언할 길 없습니다.

그렇지만 선지자와 시인, 사도와 성자들이 내게 용기를 주어 당신을 조금은 알 수 있다고 믿게 합니다. 그러므로 기도합니다. 무엇이든 당신이 드러내길 기뻐하시는 것을, 내가 루비나 정금보다 귀한 보화로 알고 찾도록 도와주소서. 당신과 함께라면, 별이 더 이상 반짝이지 않고 하늘이 사라지며 오직 당신만 남더라도 나는 살 수 있기 때문입니다. 아멘.

하나님의 속성을 연구하는 일은 절대 무미건조하고 괴로운 작업이 아니다. 빛을 받은 그리스도인에게는 더없이 유쾌한 영적 훈련이다. 하나님을 갈망하는 영혼에게 이보다 기쁜 일은 없을 것이다.

> 그저 가만히 앉아 하나님을 생각만 해도
> 얼마나 기쁜지!
> 그분을 생각하며, 그분의 이름을 부르는 것보다
> 더 큰 행복 세상에 없네.
> ―프레드릭 파버

먼저 '속성'(attribute)이란 말의 정의를 내려야 할 듯싶다. 이 책은 속성이라는 말에 철학적인 의미를 담지 않았으며, 엄격한 신학적 의미로 제한하지도 않는다. 속성이란 그저 어떤 것이든 정확히 하나님께 돌릴 수 있는 것이라는 뜻일 뿐이다. 이 책의 목적에 맞게 정의한다면, 하나님의 속성은 무엇이든 하나님이 어떤 방법으로든 자신에 관해 참되다고 계시하신 것이다.

이러한 정의는 하나님의 속성이 몇 가지냐는 의문을 일으킨다. 종교 사상가들은 이 부분을 놓고 견해를 달리했다. 어떤 사람들은 하나님의 속성이 일곱 가지라고 주장했으나 파버는 "천 가지 속성의 하나님"이라고 노래했고, 찰스 웨슬리(Charles Wesley)는 이렇게 외쳤다.

당신의 속성은 영광스럽습니다.

모두 영화롭고, 셀 수도 없습니다.

이들은 세고 있었던 게 아니라 예배하고 있었다. 그러므로 신학적 지성으로 내놓은 탐구 결과보다는 성령에 사로잡힌 경건한 마음의 통찰을 따르는 것이 지혜로울 것이다. 하나의 속성이 참으로 하나님에게 속한다면, 그분의 속성을 일일이 열거하려 하지 않는 게 좋을 것이다. 더욱이 하나님의 존재를 묵상하는 이 책에서, 속성의 수는 중요하지 않다. 여기서는 하나님의 속성 가운데 몇 가지만 다룰 것이다.

하나님은 무한하시기 때문에 그분에게는 우리가 전혀 알지 못하는 속성이 분명히 있다. 우리가 아는 하나의 속성은 하나의 정신적 개념이며, 하나님이 계시하신 뒤에라야 비로소 지적으로 알 수 있게 된다. 그리고 그분의 계시는 우리가 믿음으로 그분께 여쭐 때 하나님께서 주시는 답변이다.

하나님은 무엇과 같으신가? 하나님은 어떤 하나님이신가? 하나님이 우리에게, 모든 피조물에게 어떻게 행동하시기를 기대하는가? 이러한 질문을 학자들만이 생각할 문제라며 피해서는 안 된다. 이러한 질문은 인간 영혼의 깊은 부분을 자극하며, 여기에 대한 대답은 삶과 인격과 운명에 영향을 미친다. 공손하게 묻고 겸손하게 답을 구한다면, 하늘 아버지께서 이러한 질문들을 기뻐하실 것이다. 노르위치의 줄리앙(Julian of Norwich)은 이렇게 썼다. "그분은 우리가 하늘에서 완전히 채워질 그날까지 아는 일과 사랑하는 일에 열심이기를 바라신다. … 창조자를 바라보는 것과 사랑하는 것은 우리의 영혼이 자신을 덜 바라보고 무엇보다 경외와 참된 온유, 그리고 동료 그리스도인들을 향한 넘치는 사랑으로 자신을 가득 채우게 한다."[7]

우리의 물음에 하나님이 답을 주셨다. 모든 물음에 답하지는 않으셨으나 우리의 지성을 만족시키고 우리의 마음을 황홀하게 하기에 충분한 답을 주신 것은 분명하다. 하나님은 이 답을 성경에서, 그리고 그분의 아들을 통해 우리에게 주셨다.

현대 그리스도인은 하나님이 창조세계에서 자신을 계시하신다는 사상을 그다지 강하게 견지하지 않는다. 그러나 이런 사상은 영감된 말씀, 구약에서는 다윗과 이사야의 글에, 신약에서는 바울의 로마서에 특히 분명하게 나타난다. 성경에서 계시는 더욱 분명하게 나타난다.

> 주님, 하늘이 당신의 영광을 선포하며
> 모든 별마다 당신의 지혜가 빛납니다.
> 그러나 우리의 눈이 당신의 말씀을 볼 때
> 당신의 이름이 더 또렷이 보입니다.
> —아이삭 왓츠(Isaac Watts, 1674-1748, 영국의 비국교회파 목사로서 수많은 찬송시를 지었다.)

그 영원한 말씀이 육신이 되었고, 우리 가운데 거하셨던 성육신 때에 놀라운 빛으로 분명하게 계시되었다. 이것은 기독교 메시지에서 거룩하며 필수불가결한 부분이다.

단, 하나님이 이러한 삼중적 계시를 통해 우리에게 주신 답은 결코 표면에 드러나지 않는다. 그러므로 기도하고, 기록된 말씀을 오래 묵상하고, 그리고 진지한 훈련을 통해 하나님이 주신 답을 찾아야 한다. 빛이 아무리 밝아도 영적으로 받을 준비가 된 사람들만 볼 수 있다. "마음이 청결한 자는 복이 있나니 저희가 하나님을 볼 것임이요" 마 5:8.

하나님의 속성을 정확히 생각하려면, 머릿속에 가득한 **특성**(trait), **성격**(characteristic)이나 **성질**(quality) 같은 단어들을 거부할 줄 알아야 한다. 왜냐하면 이러한 단어들은 피조물을 살필 때는 필요하지만, 하나님을 생각할 때는 부적절하기 때문이다. 피조물을 생각하듯이 창조자를 생각하는 습관을 버려야 한다.

언어가 없으면 생각 또한 불가능하다. 그러나 잘못된 언어로 생각한다면, 곧 잘못된 생각으로 머리가 가득 찰 것이다. 왜냐하면 우리의 생각을 표현하도록 주어진 언어는 적절한 경계를 벗어나 생각의 내용을 결정하는 습관이 있기 때문이다. 토마스 트래헌(Thomas Traherne)은 이렇게 말한다. "생각하는 것보다 쉬운 일은 없듯이, 잘 생각하는 것보다 어려운 일도 없다." 잘 생각해야 할 때가 있다면 다른 무엇보다 바로 하나님을 생각할 때다.

인간은 각 부분의 총합이며, 성격은 그를 구성하는 특성의 총합이다. 특성은 사람마다 다르며, 동일한 사람이라도 시간마다 다르다. 인간의 성격이 늘 같지 않은 이유는 그를 구성하는 특성과 성질이 불안정하기 때문이다. 이러한 특성과 성질은 평생에 걸쳐 생겨났다가 사라지며, 잠잠해졌다가 다시 맹렬하게 타오르기를 반복한다. 그러므로 30대에는 친절하고 사려 깊던 사람이 50대에는 잔인하고 거칠게 바뀔 수도 있다. 인간은 지음을 받은 존재이기 때문이다. 인간은 진정한 의미에서 혼합체(composition)다. 인간은 자신을 구성하는 특성의 총합이다.

인간은 하나님이 창조해 내신 하나의 작품이다. 그 창조의 비밀은 하나님만이 아신다. 그가 어떻게 무존재(無存在, not-being)에서 존재(存在, being)가 되었고, 무(無, nothing)에서 유(有, something)가 되었는지는 알려져 있지 않다. 그 비밀 또한 인간을 창조하신 하나님 외에는 그 누구도 알지 못한다.

그러나 인간 창조의 과정은 적은 부분이나마 조금 알 수 있다. 인간에게는 몸(body)과 혼(soul)과 영(spirit)이 있으며, 또한 기억과 이성, 의지와 지성과 감성이 있다. 이러한 것들이 의미를 갖도록 의식(consciousness)이라는 놀라운 선물을 받았다. 이러한 것들은 다양한 기질과 함께 인간의 전체적인 자아를 구성한다. 이것들은 하나님이 무한한 지혜를 따라 주신 선물이며, 창조세계의 가장 고상한 교향곡의 악보를 구성하는 음표이며, 우주의 걸작품을 만들어 내는 실과 같다.

우리는 그 귀한 선물을 사용해 피조물에 맞는 생각을 하고, 피조물에 맞는 언어로 말한다. 이러한 생각과 언어는 하나님에게는 적절하지 않다. 아타나시우스 신조(Symbolum Athanasianum)는 이렇게 말한다. "성부는 만들어지지 않으셨으니 곧 피조되지 않으셨고, 나지도 않으셨습니다. 성자는 만들어지거나 피조되지 않으셨으며, 오로지 성부에게서 나셨습니다. 성령은 만들어지거나 피조되지 않으셨으며, 성부와 성자로부터 나오셨습니다."[9]

하나님은 스스로 존재하신다. 하나님은 자신의 존재를 누구에게도 의존하지 않으신다. 하나님의 본체는 나눠지지 않는다. 하나님에게 부분이란 없으며, 하나님은 단일존재(unitary being)로 하나다.

하나님의 일체성 교리는 오직 한 하나님밖에 없다는 뜻일 뿐 아니라 하나님은 단일하며(simple), 혼합체가 아니며(uncomplex), 자신과 하나이시라는 뜻이기도 하다. 하나님의 존재가 이룩해 내는 조화는 각 부분이 완벽한 균형을 이루기 때문이 아니라 애초부터 부분들이 없기 때문에 나타나는 결과다. 하나님의 속성 사이에는 그 어떤 모순도 없다. 하나님은 하나의 속성을 사용하기 위해 또 하나의 속성을 보류하실 필요가 없다. 하나님에게는 모든 속성이 하나이기 때문이다. 하나님이 모든 일을 하실 때마다 그분의 모든 것이 함께 일한다. 하나님은 어떤 일을 하기 위해 자신을 나누는 게 아니라 완전한 단일체로 일하신다.

그러므로 하나의 속성은 하나님의 한 부분이 아니다. 하나님의 속성은 하나님이 어떻게(how) 존재하시는지 말해 준다. 하나님은 자신이 어떤 분인지 정확히 말씀해 주실 수 없을지라도, 인간의 이성이 미치는 한에서 하나님의 속성은 하나님이 어떤(what) 분인지 말해 준다.

하나님이 자신을 생각할 때 정확히 무엇을 생각하는지는 하나님만 아신다. "하나님의 사정도 하나님의 영 외에는 아무도 알지 못하느니라" 고전 2:11. 하나님은 자신과 동등한 존재에게만 자신의 신성의 비밀을 전하실 수 있다. 그러나 하나님과 동등한 존재는 세상 어디에도 없다.

하나님의 속성은 우리가 하나님에 관해 참이라고 아는 내용이다. 하나님은 속성을 성질(qualities)로 소유하시는 게 아니다. 하나님의 속성은 하나님이 그분의 피조물에게 자신을 계시하실 때처럼 어떻게 존재하시는지 보여 준다. 예를 들어, 사랑은 하나님이 소유하신 무엇이 아니다. 그분의 사랑은 커지거나 작아지거나 없어지지 않는다. 하나님의 사랑은 하나님의 존재 방식이며, 하나님이 사랑하실 때 하나님은 자신이실 뿐이다. 다른 속성도 마찬가지다.

> 한 분이신 하나님이여!
> 한 분이신 존엄자여!
> 당신 외에는 하나님이 없습니다!
> 매이지 않으시며, 확장되지 않는 일체여!

측량 못할 바다여!

모든 생명이 당신에게서 나오니

당신의 생명은 복된 일체(Unity)입니다.

―프레드릭 파버

the Holy

A.W. TOZER

제 2부
: 하나님을 바로 알자:

완전하신 하나님의 속성

거룩하신 삼위일체를 경배하라 | 하나님은 스스로 존재하신다 | 하나님은 부족함이 없으시다 | 하나님은 시작과 끝에 동시에 계신다 | 하나님은 한계가 없다 | 하나님은 조금도 변함이 없으시다 | 하나님은 모든 것을 아신다 | 하나님은 모든 지혜의 근본이시다 | 하나님은 모든 능력을 다 가지셨다 | 하나님은 모든 존재 너머에 계신다 | 하나님은 여기, 그리고 모든 곳에 계신다

4장 : 삼위일체 The Holy Trinity

거룩하신 삼위일체를 경배하라

빛나는 보좌에 앉으신 선조들의 하나님, 잉글랜드의 혁가 얼마나 부(富)하며 얼마나 음악적인지요! 그러나 경이로운 당신을 표현하려면, 우리의 언어가 너무나 부족하고 우리의 말이 너무나 귀에 거슬립니다. 거룩한 삼위일체의 경이로운 신비를 생각하면 입이 절로 벌어집니다. 타오르는 떨기나무 앞에서 우리는 이해를 구하는 게 아니라, 삼위일체이신 당신을 합당하게 경배하길 구할 뿐입니다. 아멘.

하나님의 삼위(三位, three Persons)에 대해 묵상하는 것은 상상 속에서 에덴동산에 들어가 거룩한 땅을 밟는 격이다. 삼위일체의 신비를 파악하기 위해 아무리 노력해도 영원히 실패할 수밖에 없다. 그러므로 삼위일체의 신비에 다가가는 유일한 방법은 온 마음을 다하여 경외하는 것이다.

자신이 설명할 수 없으면 무엇이든 배척하는 사람들은 삼위일체를 거부했다. 이들은 지존자를 냉정하고 면밀하게 탐구할 대상으로 삼으며, 하나님이 하나인 동신에 셋일 수는 없다고 결론짓는다. 이들은 삶 전체가 신비로 가득 싸여 있다는 사실을 잊어버렸다. 하나님이 창조하신 자연계의 현상을 일일이 다 설명할 수 없듯이 하나님의 신비 역시 설명하기란 불가능하다는 것을 모르고 있는 것이다.

모든 사람은 믿음으로 산다. 불신자는 자연법칙을 믿는 믿음으로 살며, 성도는 하나님을 믿는 믿음으로 산다는 점이 다를 뿐이다. 모든 사람은 잘 이해하지 못하면서도 평생 동안 그 믿음을 받아들인다. 가장 학식이 깊은 현자도 "무엇입니까?"라는 간단한 질문으로 입을 다물게 할 수 있다. 이 질문에 대한 답은 인간이 찾아낼 수 있는 영역 너머에 있다. "하나님이 그 길을 깨달으시며 있는 곳을 아시나니" 욥 28:23. 그러나 유한한 인간은 절대로 그러지 못한다.

플라톤을 신봉하던 토마스 칼라일(Thomas Carlyle)은 플라톤을 따라, 한 인간의 모습을 은밀한 동굴에서 자라나 어느 날 밖으로 나와 갑자기 태양이 뜨는 광경을 보게 된 심오한 이교도 사상가의 모습으로 묘사한다. "그에게는 얼마나 놀라운 광경이겠는가? 우리가 매일 무관심하게 보아 넘기는 광경을 보고 그는 너무 놀라 정신이 멍하다. 어린아이 같은 자유롭고 열린 감각을 가지고 있으면서도 성인(成人)의 성숙한 능력을 갖춘 그의 온 마음은 그 광경을 보고 열정으로 불타오를 것이다. … 꽃이 만발한 이 초록의 땅, 나무와 산과 강, 온갖 소리를 내는 바다, 머리 위로 넘실대는 또 하나의 깊고 푸른 바다, 그 사이를 가로지르는 바람, 한 데 어우러져 불을 뿜고 우박을 쏟아 내며 비를 뿌리는 검은 구름…. 이것이 무엇인가? 아! 무엇인가? 우리는 전혀 모른다. 절대로 알지 못한다."[10]

이런 것에 익숙하고 수많은 경이에 식상한 우리는 얼마나 다른가? 칼라일은 이렇게 말한다. "우리의 우월한 경솔함과 무관심, 우리의 부족한 통찰력 때문이다. 생각하지 않기 때문이다. … 우리는 시커먼 먹구름이 일으키는 불을 '전기'라 부르면서 그것에 관해 매우 유식한 척 강의를 한다. 또 유리나 명주를 이용해 전기 비슷한 것을 만들어 내기도 한다. 하지만 이것이 무엇인가? 어디에서 왔는가? 어디로 가는가?

물론 과학은 우리에게 많은 혜택을 주었다. 그러나 알 수 없는 분(Nescience)을, 더불어 아주 깊고 거룩하며 무한한 세계를 우리에게서 감춰 버리는 것도 과학이다. 과학이 아무리 발전한다 해도 이 세계는 여전히 하나의 기적으로 남을 것이다. 생각만 해도 놀랍고, 불가사의하고 묘하며, 어떤 멋진 표현으로도 부족한 엄청난 기적이다."

깊은 통찰력이 담긴 이 예언적인 말은 백여 년 전의 기록이다. 그 이후 과학은 괄목할 만한 발전을 했지만, 지금까지도 그의 말을 한 단어도 무효화하지 못했다. 마침표 하나, 쉼표 하나도 바꾸지 못했다.

지금도 우리는 알지 못한다. 대중적인 과학 용어를 열심히 반복함으로써 겨우 체면이나 세울 뿐이다. 우리는 세상에 가득 찬 거대한 에너지를 이용해 자동차와 부엌에서 이러한 에너지를 손가락으로 제어한다. 알라딘의 거인처럼 에너지를 이용하면서도 이것이 무엇인지 여전히 모른다. 세속주의(secularism), 물질주의(materialism, 유물론), 그리고 눈부시게 발전하는 문명의 이기가 우리 영혼의 빛을 꺼 버림으로써 우리의 생각을 죽음으로 내몰았다.

상황이 이렇다 보니 우리는 그럴듯한 말로 자신의 무지를 감추려고 애쓰면서 경이롭고 아름다운 것을 부끄럽게 여긴 채 이것이 '하나님의 신비'라고 세상 사람들에게 선포하기를 두려워한다.

교회마다 삼위일체 교리를 가르친다. 다만 올바로 이해하지도 못했으면서 증거했고, 성령께서 가르치는 바를 되풀이해서 전했다. 어떤 사람들은 하나 속의 셋(trinity in unity)은 용어상 모순이라는 논거를 들면서 성경이 삼위일체를 가르치지 않는다고 주장한다. 그러나 우리는 길가에 나뭇잎이 어떻게 떨어지며, 울새의 둥지에서 알이 어떻게 부화하는지조차 모른다. 그런데 왜 삼위일체가 우리에게 문제가 되어야 하는가?

마구엘 데 몰리노스는 이렇게 말한다. "미숙한 이해력를 토대로 하나님을 어떤 형상이나 피조물의 아름다움에 비추어 생각하는 것은 어리석은 일이다. 그분은 우리 이해의 영역을 초월해 계신 분이다."[11]

기독교 역사에서 스스로 그리스도인이라고 말하는 사람들이 모두 삼위일체교리를 믿지는 않았다. 그러나 이스라엘이 광야를 지날 때 그들의 진 위에 타올랐던 불기둥에 하나님의 임재가 나타나 온 세상을 향해 "이들은 나의 백성이다"라고 말했듯이, 삼위일체에 대한 믿음도 사도시대 이후, 처음 나신 분의 교회(Church of Firstborn) 위에 지금까지 밝게 비추었다. 삼위일체에 대한 믿음은 정결함과 능력이 따랐다. 삼위일체의 깃발 아래, 사도들과 교부들과 순교자들과 신비가들과 찬송가 작가들과 개혁자들과 부흥사들과 하나님이 인정하신 사람들이 삶과 땀을 바쳤다. 물론 사소한 부분에서는 서로 달랐지만, 삼위일체 교리는 이들을 하나로 묶어 주었다.

마음으로 믿으면 아무 증거가 없어도 하나님의 선포를 믿고 고백한다. 증거를 구한다는 말은 의심한다는 의미이며, 증거를 얻는다는 말은 믿음을 피상적인 것으로 만든다는 뜻이다. 믿음의 선물을 소유한 사람은 초대 교부 안셀름(Anselm)이 남긴 지혜로운 말에 동의할 것이다. "나는 그리스도께서 나를 위해 죽으셨다고 믿는다. 왜냐하면 이것은 믿을 수 없는 일이기 때문이다. 나는 그분이 죽은 자 가운데서 다시 살아나셨다고 믿는다. 왜냐하면 이것은 불가능한 일이기 때문이다."

그는 그 어떤 증거에도 의존하지 않은 강한 믿음을 가졌으며, 그럼으로써 하나님께 영광을 돌렸다. '제 2의 어거스틴'이라 불리는 그는,

기독교 역사에서 가장 위대한 사상가 가운데 한 사람으로, 믿음이 이해하려는 모든 노력보다 앞서야 한다고 주장했다. 계시된 진리를 숙고하면 자연스럽게 믿음이 생긴다. 그러나 믿음은 생각하는 지성이 아니라 믿음에서 먼저 생긴다. 믿는 사람은 말씀을 숙고한 후 추론 과정을 거쳐 믿음에 이르지 않으며, 철학이나 과학에서 믿음을 확인 받으려 하지도 않는다. 그는 이렇게 외친다. "땅이여, 땅이여, 주의 말씀을 들어라. 하나님이 참되시니 모든 인간은 거짓말쟁이로다."

그러면 이것은 계시종교(係示宗敎: 하나님의 계시로부터 비롯된 종교)의 영역에서 학문을 무시한다는 뜻인가? 절대 그렇지 않다. 학자는 세밀한 부분에서 수행해야 할 아주 중요한 역할이 있다. 학자의 과제는 본문의 순수성을 보증하고, 처음에 주신 그대로의 말씀에 가능한 한 가까이 다가가는 것이다. 그는 본문의 진정한 의미를 발견할 때까지 성경과 성경을 비교할 수 있다. 그러나 학자의 권한은 여기까지이다. 학자는 말씀의 의미를 자기 이성으로 판단하려 해서는 안 된다. 그는 말씀을 이성적이라거나 비이성적이라며, 과학적이라거나 비과학적이라며, 칭찬하거나 비난해서도 안 된다. 의미가 발견되면, 그 의미가 그를 판단한다. 절대로 학자가 의미를 판단해서는 안 된다.

삼위일체 교리는 마음을 위한 진리다. 인간의 영혼만이 성막을 뚫고 지성소(至聖所)에 들어갈 수 있다. 안셀름은 이렇게 간구했다. "내가 갈망하는 가운데 당신을 구하게 하시며, 구하는 가운데 당신을 갈망하게 하소서. 내가 사랑하는 가운데 당신을 찾게 하시며, 찾는 가운데 당신을 사랑하게 하소서."[12] 사랑과 믿음만이 하나님의 신비에 어울린다. 이성은 이제 그만 내려놓아야 한다.

그리스도께서는 자신과 아버지와 성령을 말씀하실 때 복수형을 사용하셨다. "우리가 저에게 와서 거처를 저와 함께하리라" 요 14:23. 그러나 그리스도께서는 "나와 아버지는 하나이니라"라고도 말씀하셨다 요 10:30. 우리가 삼위를 혼동하지도 않고 본체를 나누지도 않으면서 하나님을 단일체로 존재하는 삼위일체로 생각하는 게 가장 중요하다. 이렇게 해야 하나님을 바르게, 그리고 그분과 우리의 영혼에 합당하게 생각할 수 있다.

당시 종교지도자들이 격분한 것은 자신이 아버지와 동등하다는 주님의 주장 때문이었다. 그리고 결국 그분을 십자가에 못 박았다. 2백여 년이 지난 후, 아리우스와 그 밖의 사람들도 삼위일체 교리를 공격하며 그리스도의 주장을 다시 한 번 꼬집었다. 아리우스 논쟁이 가열되었을 때, 교부들은(이들 가운데는 박해 때문에 불구가 되거나 해를 당한 사람들이 많았다) 318년에 니케아에서 모여 신앙고백을 채택했다. 그 가운데 이런 부분이 있다.

> 나는 한 분이신 주 예수 그리스도를 믿습니다.
> 그분은 하나님의 독생자이시며
> 영원 전에 성부에게서 태어나셨고
> 신 중의 신이요 빛 중의 빛이시며

참 신 중의 참 신으로,

피조되지 않으시고 출생하셨으며,

만물을 창조하신

성부와는 동일 본질입니다.

1600여 년 전, 이 신앙고백은 정통신앙의 최종 잣대가 되었다. 왜냐하면 이것은 신성(神性)에서 성자(聖子)의 위치에 관한 신약의 가르침을 신학적 언어로 다루기 때문이다.

니케아 신앙고백(Nicene Creed)은 또한 성령도 하나님이며, 성부와 성자와 동등하다고 고백한다.

나는 성령을 믿습니다.

그분은 주(Lord)시며 생명을 주시는 분이시며,

성부에게서, 그리고 성자에서 나오시며,

성부와 성자와 함께

예배와 영광을 받으십니다.

성령께서 오직 성부로부터만 나오시느냐 아니면 성부와 성자 모두로부터 나오시느냐는 문제만 제외하면 동서방의 모든 교회가 고대의 이 신앙고백을 받아들이고 있다. 물론 극소수의 그리스도인이 부정하고 있기는 하다.

아타나시우스 신조를 작성한 사람들은 영감에 의해 기술된 말씀의 한계를 인정하면서 삼위(三位) 간의 관계를 아주 조심스럽게 기술했으며, 인간의 사고에서 나타나는 틈을 최대한 메우려 했다. 아타나시우스 신조는 이렇게 말한다. "삼위일체 가운데 어느 한 위(位)가 다른 위보다 앞서거나 뒤에 계시지 않으며, 어느 한 위가 다른 위보다 크거나 작을 수 없으며, 삼위가 함께 영원하며 동등합니다."

그러면 이 신앙고백이 "아버지는 나보다 크심이라"요 14:28는 예수님의 말씀과 어떻게 조화를 이루는가? 고대 신학자들은 이것을 알았으며 신앙고백에 포함시켰다. "신성에 있어서는 아버지와 동등하시며, 인성에 있어서는 아버지보다 작으십니다." 이러한 해석은 암흑 가운데서 진지하게 진리를 찾는 모든 구도자에게 추천할 만하다.

영원하신 아들이 인류를 구속하기 위해 아버지 품을 떠나신 것이 아니었다. 그분은 인간들 사이를 거니실 때 자신을 "아버지 품속에 있는 독생하신 하나님"요 1:18, "하늘에서 내려온 자 곧 인자"라고 하셨다요 3:13. 성자께서는 성육신을 통해 신성을 감추셨을 뿐 버리시지는 않았다. 신성의 일체성(unity of the Godhead) 때문에, 성자는 신성을 조금도 버리실 수 없었다. 성자께서는 자신을 격하시키거나 잠시라도 이전보다 못하게 하지 않으셨다. 하나님은 절대로 자신보다 못한 존재가 되실 수 없다. 왜냐하면 하나님이 자신이 아닌 그 무엇이 되신다는 것은 생각조차 할 수 없기 때문이다.

삼위(三位)는 하나이며, 뜻도 하나다. 삼위는 함께 일하시며, 아무리 작은 일도 나머지 두 위(位)가 모르게 하시는 법이 없다. 하나님의 모든 행위는 삼위일체에 의해 이루어진다. 물론 여기서 우리는 하나님을 인간의 용어를 통해 생각할 수밖에 없으므로 절대로 궁극적 진리에 이르지 못한다. 그러나 우리가 어떻게든 하나님을 생각하려면, 창조자에 대한 피조물의 사고(creature-thoughts)와 피조물의 언어(creature-words)를 사용할 수밖에 없다. 삼위일체의 관계에 대해 사람들이 생각을 주고받으며 합의점을 찾아가는 것을 이해는 하지만 이는 잘못이다. 밀턴(Milton)이 「실락원」(Paradise Lost)에 삼위께서 인류의 구속 문제를 놓고 서로 의논하시는 모습을 묘사해 놓았는데, 이것은 오점이라는 생각이 늘 든다.

하나님의 아들이 인간의 아들로 이 땅을 거니실 때 자주 아버지께 말씀하셨고 그때마다 아버지는 아들에게 대답하셨다. 사람의 아들(Son of Man, 인자)로서, 그분은 자신의 백성을 위해 하나님께 중보하고 계신다. 성경에 기록된 성부와 성자의 대화는 언제나 영원하신 아버지와 인간이신 예수 그리스도 사이의 대화로 이해되어야 한다. 영원 전부터 계속된 삼위일체 간의 즉각적이며 친밀한 교제는 소리나 노력이나 동작을 통해 이루어지지 않는다.

>영원한 침묵 속에서
>하나님의 끝없는 말씀이 선포되었다
>언제나 말씀하시는 분 외에 아무도 듣지 않았고

침묵은 깨지지 않았다.

오, 경이롭도다! 오, 놀랍도다.
아무 노래, 아무 소리도 들리지 않지만
모든 곳에, 모든 순간에
사랑으로, 지혜로, 능력으로
아버지께서 그분이 사랑하는 영원한 말씀에게 말씀하신다.

—프레드릭 파버

대부분 그리스도인의 믿음을 보면, 하나님의 사역을 삼위를 따라 나눈 다음 각각에 구체적인 역할을 부여한다. 창조는 성부에게, 구속은 성자에게, 거듭남은 성령에게 돌린다. 부분적으로 옳다 할 수는 있지만 완전히 옳지는 않다. 왜냐하면 하나님은 한 위가 일하는 동안 다른 위는 가만히 있도록 자신을 나누실 수 없기 때문이다. 성경에서 삼위는 우주에서 능력의 사역을 하실 때마다 조화로운 통일성 가운데 일하시는 모습으로 나타나기 때문이다.

성경은 **창조** 사역을 성부창 1:1와 성자골 1:16와 성령께 돌린다욥 26:13; 시 104:30. 성자만이 육신이 되어 우리 가운데 거하셨으나 **성육신**은 삼위의 완전한 일치 속에 이루어진 일로 나타난다눅 1:35. 그리스도께서 세례를 받으실 때, 성자께서 물에서 나오셨고, 성령께서 성자에게 임하셨으며, 성부의 음성이 하늘에서 들렸다마 3:16, 17.

대속(代贖, atonement) 사역을 가장 아름답게 묘사한 구절은 히브리서 9장 13절일 것이다. 이 구절은 그리스도께서 영원한 성령을 통해 자신을 하나님께 흠 없이 드렸다고 말한다. 삼위께서는 이렇게 함께 일하신다.

그리스도의 **부활**도 다양하게 성부^{행 2:32}, 성자^{요 10:17, 18}, 성령께 돌려진다^{롬 1:4}. 베드로 사도는 개개인의 **구원**을 삼위 모두의 사역으로 돌리며^{벧전 1:2}, 요한은 그리스도인의 영혼에 성부와 성자와 성령께서 내주하신다고 말한다^{요 14:15-23}.

앞서 말했듯이, 삼위일체 교리는 마음을 위한 진리다. 삼위일체 교리를 만족스럽게 설명할 수 없다는 사실은 이 교리에 불리한 게 아니라 오히려 유리하다. 삼위일체와 같은 진리는 계시되어야 한다. 그 누구도 상상할 수 없기 때문이다.

> 복되신 삼위일체여!
>
> 가장 단순한 위엄이여!
>
> 하나이신 삼위여(Three in One)!
>
> 당신만이 영원히 홀로 하나님이십니다.
>
> 거룩한 삼위일체여!
>
> 복되고 동등한 삼위여!
>
> 하나이신 하나님을 찬양합니다.
>
> —프레드릭 파버

5장 : 자존성 The Self-existence of God

하나님은 스스로 존재하신다

만유의 주 하나님, 오직 당신만이 "나는 스스로 있는 자니라"(I AM THAT I AM)라고 단언하실 수 있습니다. 그러나 당신 안에서 피조된 우리들 각자는 "나는 있다"(I am)라고 말하면서, 우리가 당신에게서 나왔으며, 우리의 말은 당신의 말씀의 메아리에 불과하다고 고백할 수는 있습니다. 우리는 당신을 큰 원형(great Original)으로 인정합니다. 우리는 불완전한 복사본에 불과하지만 그래도 당신의 선하심을 통해 그 원형에 감사합니다. 영원하신 아버지, 당신을 예배합니다. 아멘.

노바티안(Novatian)은 "하나님은 기원이 없다"고 했다.[13] 바로 이러한 무기원(no-origin) 개념이 하나님인 것(That-which-is-God)과 하나님이 아닌 모든 것을 구분한다.

기원(origin)은 피조물에만 적용되는 단어다. 그러므로 하나님을 생각할 때는 기원이 있는 사물을 떠올려서는 안 된다. 하나님은 스스로 계시지만 모든 피조물은 필연적으로 어느 순간 어디에선가 기원했다. 하나님 외에는 스스로 있는 존재는 없다.

사물의 기원을 찾다 보면 만물은 그 누구에 의해서도 창조되지 않은 어떤 분(Someone)이 만드셨다는 믿음을 고백하게 된다. 일상에서 가까이 만나는 모든 것들은 자신이 아닌 그 무엇으로부터 왔다. 존재하는 만물은 자신보다 먼저 생겨났고 최소한 자신과 동등한 존재를 원인(cause)으로 갖는다. 왜냐하면 하등의 존재가 고등의 존재를 낳지는 못하기 때문이다. 모든 인간과 모든 사물은 자신이 아닌 다른 인간이나 사물을 원인으로 갖는 동시에 자신이 아닌 다른 인간이나 사물의 원인이 된다. 이런 식으로 하면, 만물의 원인이 되시지만 자신은 그 무엇도 원인으로 갖지 않는 분에게까지 거슬러 올라간다.

어린아이는 "하나님은 어디서 오셨나요?"라고 물으면서 자신도 모르게 자신이 피조물이라는 사실을 인정한다. 이미 원인(cause)과 근원(source)과 기원(origin)의 개념이 아이의 마음에 굳게 자리 잡은 것이다. 아이는 주변의 만물이 자신이 아닌 다른 무엇에서 왔음을 알며, 그 개념을 하나님에게 이를 때까지 확대할 뿐이다. 어린 철학자는 진정한 피조물의 말(creature-idiom)로 생각하는 중이며, 기본 정보가 없는데도 정확히 추론한다. 그 아이에게 '하나님에게는 기원이 없단다' 하고 대답하면 당연히 이해하지 못할 것이다. 왜냐하면 아이에게 너무도 어렵고 생소한 범주이기 때문이다. 또 모든 지적 존재 속에 깊이 뿌리 내린 기원을 찾으려는 경향, 즉 미지의 시작점들을 향해 거슬러 올라가도록 재촉하는 경향과 모순되기 때문이다.

기원의 개념이 적용되지 않는 존재를 꾸준히 생각하는 건 가능하긴 하지만 쉽지는 않다. 특정한 조건에서는 작은 빛을 보려면 정면으로 응시하지 말고 두 눈의 초점을 한쪽으로 약간 치우치게 해야 하듯이, 창조되지 않은 분의 개념도 마찬가지다.

창조되지 않은 순수한 존재이신 분에게 생각을 집중하려 하면 아무것도 안 보일지 모른다. 그분은 어떤 인간도 접근하지 못하는 빛 가운데 계시기 때문이다. 우리는 오직 믿음과 사랑을 통해서만 그분이 우리가 숨어 있는 바위틈의 은신처를 지나실 때 흘끗 그분을 볼 수 있다. 마구엘 데 몰리노스(Michael de Molinos)는 이렇게 말한다. "이러한 지식이 매우 흐리고 모호하며, 만약 일반적이더라도 초자연적이기에, 이생에서 형성될 수 있는 특별하거나 감각적인 그 어떤 이해보다 훨씬 더 분명하고 완전하게 하나님을 인식할 수 있다. 왜냐하면 유형적이며 감각적인 모든 형상은 하나님으로부터 무한히 멀기 때문이다."[14]

인간의 지성은 창조되었기 때문에, 창조되지 않은 분을 불편해 하는 것이 당연하다. 친숙한 지식의 사이클을 완전히 벗어나 있는 존재를 우리의 지성이 허용하기란 쉽지 않다. 우리는 자신의 존재를 우리에게 설명하지 않는 존재, 그 누구에게도 책임이 없는 존재, 자존적(自存的, self-exist)이며, 자립적(自立的, self-dependent)이며, 자족적(自足的, self-sufficient)인 존재를 불편해 하는 경향이 있다.

철학과 과학이 하나님의 개념에 항상 우호적이지는 않다. 철학과 과학은 사물을 설명하는 데 집중하며, 무엇이든 스스로를 설명하길 거부하면 받아들이지 않기 때문이다. 철학자와 과학자는 자신들이 모르는 게 많다고 인정한다. 그러나 이것과 찾아낼 기술이 없어서 절대로 알 수 없는 존재가 있다고 인정하는 것은 전혀 다르다.

우리를 초월하는 분, 우리의 모든 범주 밖에 존재하는 분, 간단하게 이름 붙일 수 없는 분, 이성의 심판대 앞에 서지 않는 분, 우리의 호기심 어린 탐구 대상이 아닌 분이 있다고 인정하려면, 엄청나게 겸손해야 한다. 그래서 우리는 하나님을 우리 수준으로 떨어뜨려 생각하거나 적어도 우리가 다룰 만한 위치로 끌어내려 생각함으로써 우리의 체면을 세운다.

그러나 그분은 우리에게 갇히지 않으신다. 그분은 아무 데도 계시지 않은 동시에 어디에나 계시기 때문이다. 또한 '어디'는 물질 및 공간과 관련이 있지만 하나님은 둘 모두에 매이지 않으시기 때문이다. 하나님은 시간이나 운동의 영향을 전혀 받지 않으며, 완전히 자립적이며, 자신이 지으신 세상 그 무엇에게도 의존하지 않으신다.

시간과 공간을 초월하며,

한 분이며, 홀로 계시지만

높고 높으신 삼위여,

광대하며,

언제나, 반드시

일체로 계신 하나님(God in Unity),

그 위엄 비길 데 없고,

그 영광 비할 데 없으니

누가 당신의 놀라운 이야기를 말하리요?

경외스러운 삼위일체여!

—프레드릭 파버

    성경의 세계에 살고, 교회에 속하며, 기독교 발전을 위해 노력하는 수많은 사람들이 이 땅에서 평생을 살면서도 하나님의 존재를 한 번도 생각해 보지 않았거나 생각해 보았더라도 진지하게 생각해 본 적이 없다는 사실은 참 슬프다. 우리 가운데 경이로운 마음으로 그 어떤 피조물도 생각하지 못하는 스스로 있는 자, 자존적 자아를 바라본 사람은 거의 없다. 이토록 안타까운 일이 또 어디 있겠는가!

    많은 이들이 그보다 생활에 더 유익한 것을 생각하길 좋아한다. 예를 들면, 어떻게 하면 쥐덫을 더 잘 놓을까라거나, 잎이 하나만 나던 곳에서 어떻게 하면 둘이 나게 할까처럼. 이 때문에 우리는 종교의 세속화와 내적인 삶의 부패라는 너무나 큰 대가를 치른다.

진지하게 부심하는 어떤 그리스도인은 이 시점에서 내가 여기서 제시하려는 개념이 얼마나 실용적이냐고 묻고 싶을 것이다. 그는 이렇게 물을 것이다. "이것이 내 삶과 무슨 관련이 있나요?" "하나님의 자존하심이 지금과 같은 세상에, 지금과 같은 시대에 우리들에게 무슨 의미가 있나요?"

이 질문에 나는 이렇게 대답한다. 우리는 하나님의 작품이기 때문에, 우리의 모든 문제와 그 해결책은 신학적일 수밖에 없다는 것이다. 우주를 움직이는 하나님이 어떤 분인가를 아는 지식은 건전한 삶의 철학과 올바른 세계관에 반드시 필요하다. 많이들 인용하는 알렉산더 포프(Alexander Pope)의 말이다.

> 그러므로 네 자신을 알되,
> 하나님을 탐지할 수 있다고 생각지 말라.
> 인간에게 적합한 연구 대상은 인간이다.

글자 그대로 해석하면, 인간은 가장 피상적으로 자신을 아는 것 외에 자신을 알 수 있는 모든 가능성이 사라진다. 하나님이 어떤 분이신지 조금이라도 알기 전에는 자신이 누구인지 또는 무엇인지 전혀 알 수 없다. 이렇기 때문에 하나님의 자존성은 학문적이며 실제와는 거리가 먼, 메마른 교리의 일부가 아니다. 하나님의 자존성은 호흡만큼이나 가깝고 가장 발달한 수술 기술만큼이나 실제적이다.

하나님은 인간을 자신의 형상으로 창조하심으로써 다른 모든 피조물보다 높이셨다. 그 까닭은 오직 하나님만이 아신다. 인간에게 있는 하나님의 형상은 시적인 공상이 아니며, 종교적 갈망이 낳은 개념도 아니다. 성경 전체가 분명하게 가르치며, 교회가 기독교 신앙에 대한 바른 이해에 필수적인 진리로 분명하게 인정하는 신학적 사실이다.

인간은 창조된 존재이며, 기원이 있으며 조건적인 자아다. 다시 말해 인간은 스스로 아무것도 가질 수 없으며, 매순간 자신의 모양대로 우리를 지으신 분에게 의존하는 존재다. 하나님의 존재는 인간이라는 존재에 반드시 필요하다. 하나님을 잃는 순간 인간은 존재 기반을 잃고 만다.

하나님이 전부이며 인간은 아무것도 아니라는 사실은 기독교 신앙과 경건의 기본 교의(敎義)다. 이 부분에서 기독교의 가르침은 보다 발전된 동양의 철학적 종교와 일치한다. 인간은 모든 천재성에도 불구하고 원음(original Voice)의 메아리일 뿐이며, 창조되지 않은 빛(uncreated Light)의 반사광일 뿐이다. 태양이 없으면 빛도 없듯이 인간은 하나님으로부터 단절되면 창조되기 전 무(無)의 공허 속으로 떨어지고 말 것이다.

인간뿐 아니라 존재하는 만물이 창조되었으며 창조하신 그 손길에 의존한다. "태초에 말씀이 계시니라. 이 말씀이 하나님과 함께 계셨으니, 이 말씀은 곧 하나님이시니라.… 만물이 그로 말미암아 지은 바 되었으니 지은 것이 하나도 그가 없이는 된 것이 없느니라" 요 1:1-3. 사도 요한은 이렇게 설명했으며, 여기에 사도 바울도 동의한다.

"만물이 그에게 창조되， 하늘과 땅에서 보이는 것들과 보이지 않는 것들과 혹은 보좌들이나 주관자들이나 정사들이나 권세들이나 만물이 다 그로 말미암고 그를 위하여 창조되었고, 또한 그가 만물보다 먼저 계시고 만물이 그 안에 함께 섰느니라" 골 1:16-17. 또한 히브리서 기자는 자신의 목소리를 덧붙이면서, 그리스도는 하나님의 영광의 광채요 그 본체의 형상이며, 그분의 능력의 말씀으로 만물을 붙드신다고 증언한다 히 1:3 참조.

하나님의 창조 의지에 이처럼 만물이 전적으로 의존하는 것은 저마다 성결과 죄 사이에서 갈팡질팡할 수밖에 없기 때문이다. 인간에게 있는 하나님 형상의 표시 가운데 하나는 도덕적 선택 능력을 갖추었다는 것이다. 기독교는 인간이 하나님으로부터의 독립을 선택했으며, 하나님의 명령에 의도적으로 불순종함으로써 자신의 선택을 실행에 옮겼다고 가르친다. 이러한 행동 때문에 하나님과 피조물 사이의 정상적 관계가 깨지고 말았다. 피조물은 하나님을 존재의 근거로 인정하길 거부했으며, 자신을 존재의 근거로 삼았다. 이후 인간은 태양을 중심으로 도는 행성이길 거부하고, 스스로 태양이 되어 모든 것이 자신을 중심으로 돌게 만들었다.

하나님께서 자신에 관해 모세에게 주신 말씀보다 더 적극적인 주장은 없을 것이다. "나는 스스로 있는 자이니라" 출 3:14.

하나님은 모든 것이다. 이때 '모든 것'은 독립된 존재의 무조건적인 주장을 표현하는 것이다. 그러나 하나님에게 있어 자아는, 죄가 아니라 가능한 모든 선과 거룩한 진리의 본질이다.

자연인이 죄인인 단 한 가지 이유는 자신과의 관계에서 하나님의 자아에 도전하기 때문이다. 그 외에 다른 모든 면에서는 하나님의 주권을 기꺼이 받아들인다 하더라도 자신의 생명에 있어서는 그분의 주권을 거부한다. 인간 스스로 지배하려 들면 바로 그 시점에서 하나님의 지배는 끝난다. 그때부터 인간은 하나님으로부터 벗어나 독립된 자아가 되는 것이다. 이로써 인간은 무의식적으로 루시퍼(Lucifer)를 닮는다. 타락한 아침의 아들 루시퍼는 마음으로 이렇게 말했다. "내가 하늘에 올라 하나님의 뭇 별 위에 내 자리를 높이리라. … 가장 높은 구름에 올라가 지극히 높은 이와 같아지리라" 사 14:13-14.

그러나 자아는 너무나 미묘해서 거의 누구나 그런 생각을 깨닫지 못한다. 인간은 반역자로 태어났기 때문에 자신이 반역자라는 사실을 모른다. 인간의 끊임없는 자기주장이 자신의 생각에는 완전히 정상으로 보인다. 인간은 자신을 나누며, 때로는 자신을 희생하기까지 하지만 절대로 왕좌에서 내려오지는 않는다. 사회적으로는 아무리 낮게 평가받는다 해도 스스로의 눈에는 여전히 왕좌에 앉은 왕이며, 그 누구도, 하나님조차도 그를 왕좌에서 끌어내리지 못한다.

죄는 여러 형태로 나타나지만 본질은 하나다. 하나님의 보좌 앞에서 예배하도록 창조된 도덕적 존재가 자신의 자아라는 보좌에 앉아 그 높은 자리에서 "나는 스스로 있다"라고 외친다. 이것이 바로 죄의 본질이다. 그러나 얼른 보기에는 자연스럽기 때문에 선하게 보이게 마련이다. 그것이 얼마나 큰 죄인지 깨닫기 위해서는 복음을 가까이 해야 한다. 그때에야 비로소 자신의 부끄러운 얼굴을 직시할 수 있다. 그리스도께서 성령을 세상에 보내겠다고 하실 때 바로 이 말씀을 하셨다. "그가 와서 죄에 대하여, 의에 대하여, 심판에 대하여 세상을 책망하시리라" 요 16:8.

그리스도의 말씀이 처음으로 성취된 것은, 오순절에 베드로가 기독교 역사상 위대한 첫 설교를 했을 때였다. "저희가 이 말을 듣고 마음에 찔려 베드로와 다른 사도들에게 물어 가로되 형제들아 우리가 어찌할꼬 하거늘" 행 2:37.

"우리가 어찌할꼬?"라는 말은 자신이 찬탈자이며, 도적질한 왕좌에 앉아 있음을 갑자기 깨달은 모든 사람이 마음 깊은 데서 토해 내는 외침이다. 처음에는 무척 고통스럽다. 하지만 그러한 고통의 과정을 거쳐야만 진정한 회개가 일어나며, 스스로 왕좌에서 내려와 복음을 통해 용서와 평안을 찾는 강건한 그리스도인으로 거듭날 수 있다.

키에르케고르(Kierkegaard)는 "마음의 깨끗함이란 한 가지에 뜻을 두는 것이다"라고 했다. 이 말을 이렇게 바꾸어도 좋을 것이다. "죄의 본질은 한 가지에 뜻을 두는 것이다." 왜냐하면 우리의 뜻으로 하나님의 뜻을 대치한다면, 이것은 하나님을 왕좌에서 끌어내리고, 자신이 인간의 영혼이라는 작은 왕국의 왕좌에 앉는 것이기 때문이다.

이것이 바로 죄의 악한 뿌리이다.

죄는 바닷가 모래알처럼 많지만 모든 죄는 하나다. 죄(sin)에서 죄들(sins)이 나온다. 이것이 회개하지 않는 인간은 죄밖에 지을 줄 모르며 그의 선행도 실제로 전혀 선하지 않다고 말하여 많은 공격을 받는 자연적 타락 교리(doctrine of natural depravity)에 대한 이론적 설명이다. 하나님은 그러한 마음가짐으로 드리는 것은 최선의 종교 행위라 해도 가인의 제물을 물리치듯이 받지 않으신다. 인간이 훔친 왕좌를 하나님께 되돌려 드릴 때에야 하나님은 그의 행위를 받으신다.

많은 그리스도인이 자기주장을 내세우면서도 선하려고 애쓴다. 그의 내면에 무의식적인 도덕적 반사 작용이 살아 있기 때문이다. 바울은 이러한 모습을 로마서 7장에서 생생하게 묘사하는데, 선지자들의 가르침과 일치한다. 그리스도께서 오시기 800여 년 전, 이사야 선지자는 죄를 하나님의 뜻에 대한 거역이며, 자신의 길을 스스로 선택할 권리가 있다는 주장으로 정의했다. 이사야 선지자는 "우리는 다 양 같아서 그릇 행하여 각기 제 길로 갔거늘"이라고 했다사 53:6. 죄에 대한 정의로 이보다 더 정확한 묘사는 없을 것이다.

성도들의 증언은 이사야 선지자와 사도 바울의 증언과 정확히 일치한다. 다시 말해 자아의 내적 원리가 인간 행위의 근원에 자리 잡고 는 사람들이 자꾸 죄를 범하게 만든다. 우리를 완전히 구원하시기 위해, 그리스도께서는 우리의 타고난 성향을 완전히 바꾸셔야 한다. 또한 앞으로 우리가 하나님을 더 존귀하게 하고 이웃에게 더 큰 선을 행하도록 우리 속에 새로운 원리를 심으셔야 한다. 그러기 위해서는 오래된 자아의 죄가 반드시 죽어야 하는데, 이것을 죽이는 도구는 십자가뿐이다. 그래서 우리 주님은 "아무든지 나를 따라오려거든 자기를 부인하고 자기 십자가를 지고 나를 좇을 것이니라"고 말씀하셨다.마 16:24. 또 여러 해 후에 승리한 바울은 "내가 그리스도와 함께 십자가에 못 박혔나니 그런즉 이제는 내가 산 것이 아니요 오직 내 안에 그리스도께서 사신 것이라"라고 고백했다갈 2:20.

> 나의 하나님, 죄가 힘을 잃지 않으면
> 내 영혼이 하나님의 뜻을 거역하며 삽니다!
> 당신의 용서로는 충분하지 않습니다.
> 십자가가 서고 자아가 죽어야 합니다.
>
> 오, 사랑의 하나님, 당신의 능력 나타내소서.
> 그리스도의 부활로는 충분하지 않습니다.
> 나 또한 밝은 하늘을 보며
> 죽은 자 가운데서 일어나야 합니다.
> 그리스도처럼.
> —그리스의 찬양

6장 : 자족성 The Self-sufficiency of God

하나님은 부족함이 없으시다

하나님, 하나님께서는 그 무엇도 필요하지 않음을 우리에게 가르치소서. 당신에게 필요한 게 있으면, 당신이 불완전하다는 뜻입니다. 그렇다면 우리가 불완전한 분을 어떻게 예배하겠습니까? 당신에게 그 무엇도 필요하지 않다면, 그 누구도 필요하지 않습니다. 당신께 그 누구도 필요하지 않다면, 우리도 필요하지 않습니다. 당신은 우리가 필요하지 않은데도 우리를 찾으십니다. 우리가 당신을 찾는 이유는 우리에게 당신이 필요해서입니다. 당신 안에서, 우리가 살고 움직이며 존재하기 때문입니다. 아멘.

"아버지께서 자기 속에 생명이 있음 같이"라고 주께서 말씀하셨다 요 5:26, KJV. 인간의 사고가 미칠 수 있는 영역을 초월한 높은 진리를 이토록 짧은 말로 제시하는 것이 주님의 가르침의 특징이다. 주님은 하나님이 자족하시다(self-sufficient)고 말씀하셨다. 다시 말해 '하나님은 그분 자신이다(He is what He is in Himself)' 라는 의미이다.

하나님이 무엇이든, 하나님이 어떤 분이든, 하나님은 그분 자신이다. 가장 저급한 형태의 무의식적 생명이든 자의식이 아주 강한 스랍 같은 지적 생명이든 간에, 모든 생명이 하나님 안에 있으며, 하나님에게서 나온다. 어떤 피조물도 자체적으로 생명을 갖지는 못한다. 모든 생명은 하나님의 선물이다.

반면에 하나님의 생명은 누군가에게서 받은 선물이 아니다. 하나님에게 생명, 혹은 다른 어떤 선물이라도 줄 수 있는 존재가 있다면, 그 존재가 하나님일 것이다. 부족하게나마 하나님을 정확하게 생각하려면, 하나님을 모든 것을 내포하는 분으로, 모든 것을 주는 분으로, 그러나 자신은 자신이 먼저 준 것 외에는 그 무엇도 받지 못하는 분으로 보면 된다.

하나님에게 무언가 필요하다는 것은 신적 존재로서의 불완전성을 인정하는 것이다. 필요는 피조물의 언어이지 창조자에게는 적용되지 않는다. 하나님은 자신이 지으신 만물과 자발적 관계를 갖지만, 하나님 자신 밖의 그 무엇과도 필연적 관계를 갖지 않으신다. 하나님이 자신의 피조물에 관심을 갖는 이유는 그분의 주권적이며 선한 기쁨 때문이지 피조물이 채워 줄 필요 때문이거나 피조물이 스스로 완전하신 분에게 어떤 완전함을 줄 수 있기 때문이 아니다.

고정관념을 버려라! 그리고 이 상황에서만 진리인 것을 이해하려고 노력해야 한다. 일반적인 생각대로라면 피조물에게는 늘 무언가가 필요하다. 그 무엇도 자체로는 완전하지 않기 때문에 존재하려면 자신 밖에 있는 그 무엇이 필요하다. 호흡하는 모든 생명체는 공기가 필요하고, 모든 유기체는 양분과 수분이 필요하다. 지구에서 공기와 물을 제거하면 모든 생명체는 곧 죽어 버린다. 모든 피조물은 생존하기 위해 다른 피조물이 필요하며, 모든 존재는 하나님이 필요하다. 오직 하나님만이 그 무엇도 필요하지 않다.

강은 여러 지류들이 합쳐지면서 커진다. 하지만 만물의 근원이며, 모든 피조물마다 의지하는 무한히 충만하신 그분을 더 크게 할 지류는 어디에도 없다.

> 측량 못할 바다여!
> 모든 생명이 당신에게서 나오니
> 당신의 생명은 복된 일체(Unity)입니다.
> ―프레드릭 파버

하나님이 왜 우주를 창조하셨을까? 이 문제에 대해 참 많은 사람들이 의문을 가졌지만, 그 누구도 대답을 얻지 못했다. 다만 그 이유를

다 알지 못하더라도 최소한 한 가지는 알 수 있다. 하나님이 세상을 창조하신 목적은 인간이 추운 겨울을 이기려고 집을 짓고 필요한 양식을 얻으려고 농사를 짓듯 그분 자신 속에 채워지지 않은 필요를 충족하기 위해서가 아니라는 것이다. 필요하다(necessary)라는 단어는 하나님에게 전혀 어울리지 않는다.

하나님은 만유(萬有)보다 뛰어난 존재이기 때문에, 지금보다 높아질 수 없다. 그 무엇도 그분보다 높지 않으며, 그 무엇도 그분을 초월하지 못한다. 하나님을 향한 모든 움직임은 피조물을 높여준다. 그러나 하나님에게서 멀어지는 모든 움직임은 피조물을 낮춘다. 하나님은 스스로, 누구의 도움도 없이 자신의 위치를 유지하신다. 그 누구도 하나님을 지금보다 높이지 못하듯이, 그 누구도 하나님을 지금보다 낮추지 못한다. 하나님은 능력의 말씀으로 만물을 붙드신다. 그러니 하나님이 붙드시는 만물이 어떻게 그분을 높이거나 붙들겠는가?

모든 인간이 갑자기 맹인이 되더라도, 낮에는 태양이 밤에는 별들이 여전히 비칠 것이다. 왜냐하면 이것들은 그 빛의 혜택을 누리는 수많은 사람들에게 전혀 의지하지 않기 때문이다. 그러므로 지구상의 모든 인간이 무신론자가 되더라도 하나님에게는 아무 영향도 미치지 못한다. 하나님은 누구도 의존하지 않는 그분 자신이시다. 우리가 하나님을 믿는다고 해서 그분의 완전함이 더 커지지 않는다. 거꾸로 하나님을 의심한다 해서 그분의 완전함이 작아지는 것 또한 아니다.

전능하신 하나님은 전능하다는 바로 그 이유 때문에 아무 지원도 필요 없으시다. 하나님이 인간의 호의를 얻기 위해 우리 눈치를 살핀다고 생각하는가? 천만에! 전혀 틀린 생각이다. 그런데 많은 사람들이 하나님에 대해 이렇게 오해한다. 20세기 기독교는 하나님에게 자선을 베풀었다. 우리는 자신을 아주 높게 평가해 하나님에게 필요한 존재라고 믿는 것이다. 그러나 하나님은 우리가 존재한다고 해서 더 커지지 않으시며, 우리가 존재하지 않더라도 더 작아지시지도 않는다. 우리가 존재하는 것은 전적으로 하나님의 자유로운 결정 때문이지 우리의 공로나 하나님의 필요 때문이 아니다.

저마다 타고난 자기중심주의(egotism) 때문에 하나님은 우리 도움을 전혀 필요로 하지 않으신다는 것을 받아들이기 어려울 수도 있다. 대개 하나님을 묘사할 때, 세상 평화와 구원을 주려는 자비로운 계획을 실행할 수 있도록 도와줄 손길을 찾느라 허둥대는 바쁘고 열심이며 다소 좌절한 아버지로 그려 낸다. 그러나 노르위치의 줄리앙이 말했듯이, "나는 참으로 하나님이 모든 일을 하시며, 그분에게 너무 작은 일이란 없음을 알았다."[15] 모든 일을 하시는 하나님은 아무 도움도 필요하지 않으시다.

안타깝지만 너무 많은 선교사들이 이처럼 전능한 하나님이 좌절해 계실 거라는 공상에 기초해 비그리스도인들에게 호소한다. 유능한 설교자라면 불신자들을 향해서뿐만 아니라, 이들을 구원하려고 그렇게도 열심히 일하시지만 지원이 부족해 실패하신 하나님에 대해서도 연민의 감정을 쉽게 끌어낼 수 있다. 내가 우려하는 것은 수천 명의

젊은이들이 마치 능력이 부족해서 도무지 빠져 나오지 못하는 곤경에 빠진 하나님을 도우려는 동기에서 기독교 사역을 시작하는 것은 아닌가 하는 것이다. 여기에 어느 정도의 기특한 이상주의와 특권을 누리지 못하는 사람들에 대한 상당한 동정심을 보태면, 이것이 바로 오늘날 많은 기독교 활동을 움직이는 진짜 동기일 것이다.

하나님은 보호자가 필요 없다. 하나님은 영원히 보호를 받지 않는 분이다. 성경에 보면 하나님은 우리와 대화하려고 우리가 이해할 수 있는 군사 용어를 많이 사용하신다. 그런데 이것을 두고 마치 존엄자의 보좌를 지키기 위해 미가엘과 그의 군대, 그리고 천상의 존재들이 전투를 벌인다고 생각해서는 안 된다. 이렇게 생각하는 것은, 성경이 하나님에 관해 말하는 전부를 오해하는 것이다.

유대교와 기독교는 이러한 미숙한 개념을 인정하지 않는다. 보호를 받아야 하는 하나님이라면, 누군가 자신을 도울 때만 우리를 도울 수 있다. 만약 그렇다면 우리는 하나님이 의와 불의 간의 우주적 접전(接戰)에서 승리할 때만 그분을 의지해야 할 것이다. 이런 하나님이라면 지성인에게 자신을 공경하라고 명령하지 못한다. 이런 하나님은 지성인의 연민만 자아낼 뿐이다.

의롭기 위해서는 하나님을 바르게 생각해야 한다. 우리에게 주신 도덕적 절대 명령이 있다. 마음에서 하나님에 대한 비천한 개념을 모두 제거하고, 하나님이 그분의 우주에서 그러하신 것처럼 우리 마음에서도 하나님이게 해야 한다. 기독교는 하나님과 그리고 인간과 관련이 있다. 그러나 기독교의 초점은 인간이 아니라 하나님이시다. 인간이 자신의 중요성을 주장할 수 있는 유일한 근거는, 하나님의 형상으로 창조되었다는 사실이다. 인간 자체는 아무것도 아니다. 성경의 시인들과 선지자들은 인간을 가리켜 호흡이 코에 있으며 아침에 자라나지만 해지기 전에 베어지고 시들어 버리는 풀처럼 연약하다고 말하면서 슬픈 미소를 짓는다.

하나님은 자신을 위해 존재하며 인간은 하나님의 영광을 위해 존재한다. 성경은 이 점을 강조해 가르친다. 하나님은 하늘에서 높임을 받으시는 것같이 땅에서도 높임을 받으셔야 한다.

이제 우리는 왜 성경이 믿음의 중요성을 그토록 강조하는지, 또 왜 불신앙을 죽음에 이르는 죄로 규정하는지 이해할 수 있을 것이다. 모든 피조물 가운데 어느 하나도 감히 자신을 신뢰하지 못한다. 오직 하나님만 자신을 신뢰하신다. 다른 모든 존재는 하나님을 신뢰해야 한다. 불신앙은 사실상 왜곡된 신앙이다. 왜냐하면 불신앙은 살아 계신 하나님이 아니라 죽어 가는 인간을 신뢰하기 때문이다. 불신자는 하나님의 자족성(自足性)을 부정하며, 자신에게 속하지 않은 속성을 찬탈한다. 이러한 이중적인 죄가 하나님을 모욕하며, 궁극적으로 인간의 영혼을 파괴한다.

하나님은 자신의 사랑과 긍휼 가운데 그리스도로서 우리에게 오셨다. 이는 사도 시대부터 이어 온 교회의 일관된 주장으로, 영원한 아들의 성육신 교리를 믿는 기독교 신앙으로 굳어졌다. 그러나 근래에 와서 초대교회 때와 다르게 변질되어, 그때보다 못한 의미가 되고 말았다. 육체로 나타나신 인간 예수를, 하나님과 동등시하며 그분의 모든 인간적 연약함과 한계를 신성(the Deity)에 돌리는 것이다.

그러나 진실은, 우리 가운데 거니셨던 그분이 하나의 실증, 즉 베일을 벗은 신성(神性)의 실증이 아니라 완전한 인성(人性)의 실증이셨다는 사실이다. 인류를 보호하기 위해 부드러운 인성의 덮개가 경외로운 신성의 위엄을 자비롭게 덮었다. 하나님은 산에서 모세에게 이렇게 말씀하셨다. "내려가서 백성을 신칙하라 백성이 돌파하고 나 여호와께로 와서 보려고 하다가 많이 죽을까 하노라" 출 19:21. 그리고 나중에 이렇게 말씀하셨다. "네가 내 얼굴을 보지 못하리니 나를 보고 살 자가 없음이니라" 출 22:20.

오늘날의 그리스도인들은 그리스도를 단지 육적으로만 아는 것 같다. 그분에게서 그리스도의 불같은 거룩과 접근하지 못할 위엄을 떼어 놓은 다음에 그분과 교제하려고 노력한다. 그러나 그리스도께서는 세상에 계시는 동안에는 거룩과 위엄을 가리셨다가 승천하여 아버지 우편에 앉으시면서 다시 완전한 영광을 취하셨다. 그러나 요즘 기독교에서 생각하는 그리스도에게는 희미한 미소와 후광이 있다. 어느새 그분은 일부 사람들을 좋아하는 '저 위에 계신 분'(Someone-up-There)이 되셨다. 어떤 이들은 그리스도께 고마워는 하지만 그다지 감격해하지는 않는다. 자신들이 그리스도를 필요로 한다면, 그리스도 또한 자신들을 필요로 한다고 생각한다.

하나님의 자족성이라는 진리가 그리스도인의 행동을 마비시킨다고 생각하지 말라. 하나님의 자족성은 오히려 모든 거룩한 노력을 촉진한다. 이 진리는 인간의 자기 과신을 꾸짖는 것도 될 수 있다. 성경적 관점에서 보면, 죽을 수밖에 없는 우리가 그리스도의 가벼운 멍에를 메고 하나님의 영광과 인류의 유익을 위해 성령의 감동을 따라 수고하도록 용기를 준다. 왜냐하면 복된 소식은 아무도 필요하지 않으신 하나님이 주권적인 겸손으로 자신을 낮추심으로써, 순종하는 자녀들을 통해 그들 가운데서 일하신다는 것이기 때문이다.

이 모두가 자기 모순으로 보이는가? 아멘. 그렇게 될지어다. 진리의 다양한 요소가 끊임없는 안티테제들(antitheses, 反)로 존재하기 때문에 우리가 바로 알게 되기까지는 진리가 정말로 우리 자신과 정반대에 있을 수도 있다. 하지만 우리가 기다리는 그날이 오면, 지금은 모순처럼 보이는 진리가 통일성을 환히 드러낼 것이다. 더불어 모순은 진리에 있는 게 아니라, 죄로 훼손된 우리 마음에 있음이 드러날 것이다.

한편 내적으로 성취하기 위해서는 그리스도의 명령과 사도들의 영감된 가르침에 사랑으로 순종해야 한다. "너희 안에서 행하시는 이는 하나님이시니" 빌 2:13.

그분은 아무도 필요 없다. 하지만 믿음이 있다면 **그분은 누구를 통해서든 일하신다**. 다음 시에 이 두 개의 진술이 들어 있다. 건강한 영적 생활을 영위하기 위해서는 둘 모두 받아들여야 한다. 첫째 진술은 한

세대 내내 거의 완전히 무시되었다. 그 결과 우리는 영적으로 깊은 상
처를 입었다.

> 선의 원천이여,
> 모든 복이 당신에게서 흘러나옵니다.
> 당신의 충만에는 부족함이 없습니다.
> 당신께서 당신 외에 무엇을 바랄 수 있겠습니까?
> 그러나 당신은 자족하시며,
> 나의 무가치한 마음을 바라십니다.
> 이것을, 오직 이것만을
> 당신은 요구하십니다.
> ─요한 쉐플러(Johann Scheffler)

7장 : 영원성 The Eternity of God

하나님은 시작과 끝에 동시에 계신다

옛적부터 항상 계신 하나님, 우리의 이성이 완전히 이해하지 못하는 것을 마음으로 기쁘게 받아들입니다.

당신은 영원부터 나의 주님, 나의 하나님, 나의 거룩한 분이십니다.

영원하신 아버지여, 연수(年數)가 끝이 없는 당신을 예배합니다. 사랑하는 독생자여, 영원 전에 나신 당신을 예배합니다. 영원한 성령이여, 세상의 기초가 놓이기 전에 성부와 성자와 동등한 영광으로 살아 계셨고 사랑하신 당신을 인정하며 경배합니다.

우리 영혼의 집을 넓히고 깨끗하게 하사 당신의 영에게 합당한 거처가 되게 하소서. 당신의 영은 모든 성전에 거하기보다는 의로우며 깨끗한 마음에 거하길 더 좋아하십니다. 아멘.

영원의 개념은 성경 전체에 걸쳐 높은 산맥처럼 우뚝 서서 이어져 내려오면서 정통 히브리 사상과 기독교 사상에 널리 퍼져 있다. 영원이라는 개념을 거부하고서 선지자와 사도들의 사상을 다시 생각하기란 불가능하다. 이들의 사상은 영원에 대한 오랜 꿈으로 가득했기 때문이다.

성경 저자들은 때로 '영원한'(everlasting)이라는 단어를 단순히 '오래 지속되는' 이라는 뜻으로 사용한다("영원한 산," 창 49:26). 그래서 어떤 사람들은 성경 저자들이 애초에 이 단어에 '마음에 끝이 없는 존재'(unending existence)라는 개념을 염두에 두지 않고 사용했으며, 나중에야 신학자들이 이 개념을 추가했다고 주장한다. 물론 이러한 주장은 심각한 오류이며, 학문적인 근거가 전혀 없는 말이다. 그런데도 몇몇 선생들은 영벌(永罰) 교리를 피하려고 이러한 주장을 이용했다. 도덕적 응보의 영원성을 부인하면서 무한성의 개념을 자꾸 약화시켜 가는 것이다. 거짓 교사들의 실수로 자칫 진리가 하나의 오류를 증명하는 물질적 증거로 나타나지 않도록 진리를 억압하는 예는 이외에도 무수히 많다.

진실은 이렇다. 만약 성경이 하나님은 무한한 존재라고 가르치지 않는다면, 하나님의 다른 속성에서 그분의 무한성을 추론해 낼 수밖에 없다. 만약 성경에 절대적 영원(absolute everlasting)을 나타내는 단어가 없다면, 이 개념을 표현하기에 적합한 단어를 만들어야 한다. 왜냐하면 영감으로 기록된 성경 어디에나 절대적 영원이라는 개념이 함축되어 있기 때문이다. 영원의 개념과 하나님 나라의 관계는 탄소와 자연계의 관계와 같다. 탄소가 어디에나 있고, 모든 생명체의 본질적 요소이며, 모든 생명체에 에너지를 공급하듯이, 모든 기독교 교리가 의미를 가지려면 영원의 개념이 반드시 필요하다. 영원의 개념을 빼 버리고 중요성과 의미를 유지할 기독교 신앙고백은 없다.

모세는 성령에 감동되어 이렇게 말했다. "영원부터 영원까지 주는 하나님이시니이다" 시 90:2. 모세의 말의 의미를 살려 달리 표현하면 "소멸점(消滅點. vanishing point)에서 소멸점까지"가 된다. 우리 생각의 한계는, 기억력의 힘으로 희미하게나마 과거를 떠올리고, 상상력이 허락하는 한도 내에서만 미래를 볼 수 있다. 그 양 끝에 하나님이 계시며, 양쪽 어디에도 영향을 받지 않으신다.

시간은 피조물의 시작을 나타낸다. 그러나 하나님은 절대로 존재하기 시작하신 순간이 없으며, 따라서 하나님께는 절대로 시간을 적용할 수 없다. '시작했다'(began)는 단어는 시간과 관련된 단어이므로, 영원히 살아 계신 높고 높은 분에게는 아무 의미도 없다.

> 아무리 세월이 흘러도
> 당신의 연수(年數)는 늘어나지 못합니다.
> 존귀하신 하나님!
> 당신은 자신이시며, 영원하십니다.
> ―프레드릭 파버

하나님은 영원한 현재에 거하시기 때문에 그분에게는 과거도 미래도 없다. 성경에 나타나는 시간과 관련된 단어들은 하나님의 시간이 아니라 우리의 시간이다. 요한계시록을 보면 네 생물이 보좌 앞에서 밤낮으로 "거룩하다. 거룩하다. 거룩하다. 주 하나님 곧 전능하신 이여, 전에도 계셨고, 이제도 계시고, 장차 오실 자라"고 외칠 때계 4:8, 이들은 피조된 존재에게 익숙한 세 시제(時制)를 사용하여 하나님을 정의한다. 왜냐하면 하나님이 자신을 정의하시려고 주권적으로 이 방법을 사용하셨기 때문이다. 그러나 하나님은 피조되지 않으셨기 때문에 우리가 시간이라 부르는 연속적 변화에 영향을 받지 않으신다.

하나님은 영원에 거하시고 시간은 하나님 안에 있다. 하나님은 우리의 모든 어제를 사셨듯이 이미 우리의 모든 내일을 사셨다. C. S. 루이스(C. S. Lewis)는 무한히 넓은 종이를 생각해 보라고 말한다. 종이가 의미하는 것은 영원이다. 그런 종이 위에 짧은 선을 그어 보라. 이것이 시간이다. 선이 무한한 공간 안에서 시작되고 끝나듯이, 시간은 하나님 안에서 시작되었고 또한 끝날 것이다.

하나님이 시간의 시작점에 계신다는 것은 이해하기 어렵지 않다. 그러나 하나님이 시간의 시작과 끝에 **동시에** 계신다는 것은 이해하기 쉽지 않다. 그러나 이것은 사실이다. 시간은 사건의 연속이다. 시간은 우리가 우주에서 연속적 변화를 설명하는 방식이다. 변화는 동시에 일어나지 않고, 하나씩 차례로 연속적으로 일어난다. 이때 시간 개념은 변화가 일어나는 단계 '전'(before)과 '후'(after)의 관계에서 나타난다. 우리는 시간의 흐름을 알기 위해 태양이 동쪽에서 서쪽으로 움직이기를 기다리고, 시계 바늘을 눈여겨본다. 그러나 하나님은 기다리실 필요가 없다. 하나님에게는 앞으로 일어날 모든 일이 이미 일어난 일이기 때문이다.

하나님이 "나는 하나님이라. 나 같은 이가 없느니라. 내가 종말을 처음부터 고하며"라고 말씀하신 이유가 여기 있다 사 46:9-10. 하나님은 시작과 끝을 한 눈에 보신다. 쿠사의 니콜라스는 이렇게 말하였다. "무한한 지속, 곧 영원의 자아는 모든 연속을 포함합니다. 그러나 우리에게 연속으로 보이는 그 무엇도 영원하신 당신에게는 적용되지 않습니다. … 당신은 전능하신 하나님이며, 낙원의 성에 거하는데, 이 성에서는 전과 후가 하나이며, 시작과 끝이 하나이며, 알파와 오메가가 하나이기 때문입니다. … 낙원의 성에서는 지금과 그때가 하나이기 때문입니다. 그러나 오, 나의 하나님! 절대자이며 영원하신 분이여, 당신은 현재와 과거를 초월하여 존재하며 말씀하십니다."[16]

모세는 늙어서 시를 하나 썼다. 이번 장 앞부분에서 인용한 시로, 이 시편에서 모세는 하나님의 영원성을 노래한다. 모세에게 하나님의 영원성은 너무나 친숙한 시내산만큼이나 견고하고 확실한 신학적 사실이었으며, 두 가지 실제적 의미를 내포했다.

첫째, 하나님은 영원하기 때문에 시간에 쫓기는 그분의 자녀들을 위해 유일하고 안전한 처소가 되어 주신다. "주여 주는 대대에 우리의 거처가 되셨나이다" 시 90:1. 둘째 의미는 첫째 의미만큼 큰 위안을 주지는 못한다. 하나님의 영원은 너무나 길고 우리가 이 땅에서 사는 연수(年數)는 너무나 짧다. 그렇다면 우리가 손으로 한 일을 견고하게 하려면 어떻게 해야 하는가? 우리를 쇠약하게 하고 무너뜨리는 사건들을 피하려면 어떻게 해야 하는가? 하나님이 이 시편을 채우시고 지배하신다. 그러므로 모세는 하나님께 애처롭게 호소한다. "우리에게 우리 날 계수함을 가르치사 지혜의 마음을 얻게 하소서" 시 90:12.

지금처럼 불안한 시대를 사는 우리는 하나님과 얼굴을 마주하고 영원의 끝자락에 서기 오래전에 자신의 삶과 날을 자주 되돌아보아야 한다. 우리는 확실히 시간을 위해 창조되었듯이 확실히 영원을 위해 창조되었으며, 따라서 책임 있는 도덕적 존재로서 양쪽을 모두 생각해야 하기 때문이다.

전도자는 "하나님이… 사람들에게는 영원을 사모하는 마음을 주셨느니라"라고 했다 전 3:11. 나는 전도자가 여기서 인간의 영광과 비극을 동시에 제시했다고 생각한다. 영원을 위해 창조되었으나 시간 속에서 살아야 한다는 사실은 인간에게 엄청난 비극이다. 우리 속의 모든 것이 생명과 영속(永續)을 갈망하며, 우리 주변의 모든 것이 유한성과 변화를 우리에게 상기시킨다. 하나님은 영원을 위해 우리를 지으셨다. 그러나 이것은 아직 실현되지 않은 영광이요 성취되지 않은 예언이다.

인간이 영원을 꿈꾸는 것은 하나님의 형상을 따라 그분이 인간을 지으셨기 때문에 아주 자연스러운 일이다. 다만 죄로 인해 우리 안에 있는 하나님 형상의 특징들이 희미해져서 식별해 내기가 쉽지 않을 뿐이다.

> 당신은 우리를 티끌에 버려 두지 않으실 것입니다.
> 당신은 인간을 지으셨으나 인간은 그 이유를 모릅니다.
> 인간은 자신이 죽기 위해 지음을 받은 게 아니라고 생각합니다.
> 당신이 인간을 지으셨습니다. 당신은 공의로우십니다.[17]

테니슨(Tennyson)의 말이다. 인간 내면에 깃든 영원에 대한 소망을 매우 잘 표현했다. 가장 옛적부터 계신 하나님의 형상이 모든 인간의 내면에서 인간이 어디에선가 계속 존재하리라고 영원한 희망을 속삭인다. 그러나 인간은 기뻐하지 못한다. 우리에게는 죄의 증거가 남아 있어 사망을 피할 수 없기 때문이다. 이렇게 인간은 희망이라는 윗돌과 죽음이라는 아랫돌 사이에 끼어 있다.

이런 생각으로 고통받는 이들에게 가장 필요한 말씀이 있다. "이제는 우리 구주 그리스도 예수의 나타나심으로 말미암아 나타났으니 저는 사망을 폐하시고 복음으로써 생명과 썩지 아니할 것을 드러내신지라" 딤후 1:10. 이 말씀은 가장 위대한 그리스도인이 사형 집행관 앞에 서기 직전에 쓴 글이다. 하나님의 영원성과 인간의 유한성이 연합하여 예수 그리스도를 믿는 일은 선택이 아니라는 확신을 우리에게 준다. 왜냐하면 모든 인간은 그리스도가 아니면 영원한 비극을 맞아야 하기 때문이다. 우리 주님은 죄악 때문에 덧없는 세상의 조롱거리가 되었을 뿐 아니라, 죄와 죽음의 노예가 된 인간 형제들을 구하려고 영원을 떠나 시간 속으로 들어오셨다.

    이곳에서 잠깐의 삶은 우리의 분깃
    슬픔도 잠깐이며, 근심도 잠깐이네.
    그러나 끝이 없는 삶이 그곳에 있으니
    그곳에는 눈물이 없네.

    그곳에 우리의 왕이요 분깃이신 하나님이 있으니
    그분의 은혜 충만하네,
    그때 우리 영원히 보리니
    얼굴 맞대고 예배하리라.
    ―클루니의 버나드(Bernard of Cluny)

8장 : 무한성 God's Infinitude

하나님은 한계가 없다

하늘에 계신 우리 아버지, 바위틈의 은신처에서든, 우리를 덮어 보호하시는 당신의 손길 아래서든, 당신의 영광을 보게 하소서.

친구를 잃거나 물질을 잃거나 긴 시간을 잃거나 그 무엇을 잃더라도 당신을 있는 그대로 알아 당신을 합당하게 경배하게 하소서. 우리 주 예수 그리스도의 이름으로 기도합니다. 아멘.

세상은 날로 악해지고, 시대는 저물어 가며, 에스겔 선지자가 본 환상에서 불같은 구름이 성전 문을 떠났듯이 하나님의 영광이 교회를 떠났다.

아브라함의 하나님은 우리 가운데서 의식적인 임재를 거두셨고, 이제는 우리의 선조들이 알지 못했던 다른 하나님이 우리 가운데 거한다. 이 하나님은 우리가 만든 하나님이어서 우리는 그를 이해할 수 있다. 우리가 그를 만들었기 때문에 그는 절대로 우리를 놀라게 하지 못한다. 절대로 우리를 압도하지 못하며, 절대로 우리를 초월하지 못한다.

영광의 하나님은 때로 태양처럼 자신을 계시하여 따뜻하게 하고 복을 주기도 하신다. 그런가 하면 참으로 놀라게 하고 압도하며 눈이 멀게 하고, 그런 후에 치유하여 영원을 보는 눈을 주실 때도 있다. 이러한 선조들의 하나님은 그들의 후손에게도 동일한 하나님이 되길 원하신다. 우리는 사랑과 믿음과 겸손으로 하나님에게 거처를 마련해 드리기만 하면 된다. 우리는 하나님을 간절히 원해야 하며, 그러면 하나님은 오셔서 우리에게 자신을 나타내신다.

경건하고 생각이 깊은 사람 안셀름의 말을 들어 보자.

> 연약한 인간이여, 이제 일어나라! 잠시 일상에서 벗어나라. 복잡한 생각을 잠시 내려놓아라. 이제 그대의 무거운 근심을 벗어버리고, 그대의 고된 노동에서 손을 떼라. 하나님께 약간의 시간을 드리고, 그분 안

에서 잠시 안식하라. 그대 마음의 골방에 들어가라. 하나님에 대한 생각과 그분을 찾는 데 도움이 되는 생각 외에 모든 생각을 몰아내라. 이제 온 마음을 다해 말하라! 하나님께 말하라. 당신의 얼굴을 보기 원합니다. 주님, 당신의 얼굴을 보기 원합니다.[18]

하나님을 생각하거나 말할 때, 하나님의 무한성이 가장 이해하기 어렵다. 하나님의 무한성을 생각하려는 시도조차 자기 모순으로 보인다. 왜냐하면 완성할 수 없다는 것을 애초에 알면서도 시작하는 것과 같기 때문이다. 그래도 시도해야 한다. 왜냐하면 성경은 하나님이 무한하다고 가르치며, 따라서 하나님의 다른 속성들을 받아들인다면 그분의 무한성도 반드시 받아들여야 하기 때문이다.

하나님의 무한성을 이해하는 길이 험난하다고 해서 그분의 무한성을 이해하려는 노력을 포기해서는 안 된다. 시야는 올라갈수록 넓어지며, 이러한 여행은 발이 아니라 마음으로 하는 것이다.

하나님은 보지 못하는 자를 보게 하시고 똑똑하고 지혜로운 자들이 꿈에도 생각하지 못했던 진리를 어린아이와 젖먹이들에게 속삭이실 때가 많다. 그러므로 하나님이 주길 기뻐하시는 "꼬리를 무는 생각과 산같은 마음"(trances of thought and mountings of the mind, 워즈워드의 시 서곡에 나오는 구절이다—옮긴이)을 구하자. 이제 보지 못하는 자는 보아야 하며, 듣지 못하는 자는 들어야 한다. 곧 어둠에 가려진 보화를 받고, 은밀한 곳에 숨겨진 부를 받을 것이다.

무한성은 한계가 없다는 뜻이다. 한계가 있는 지성이 무한하신 분을 이해하기란 분명히 불가능하다. 그렇기 때문에 이번 장에서 나는 내가 쓰는 내용에 한 걸음 못 미치는 생각을 할 수밖에 없다. 독자 또한 자신이 생각하려는 내용보다 한 단계 아래에서 생각할 수밖에 없다. "깊도다! 하나님의 지혜와 지식의 부요함이여, 그의 판단은 측량치 못할 것이며 그의 길은 찾지 못할 것이로다" 롬 11:33.

앞에서 설명했지만, 우리는 전혀 낯선 존재의 양식을 표현하기 위해 친숙한 질료와 공간과 시작의 세계에서 경험한 무언가를 동원해 그것을 그려 내려 애쓰고 있다.

노바티안은 이렇게 말했다. "하나님의 속성과 품성을 아무리 묵상하더라도, 그분에 대한 적절한 개념을 얻기란 불가능하다. 인간의 유창한 말도 하나님의 위대하심을 표현하지 못한다. 그 어떤 정신적 노력도 부족하기 짝이 없다. 하나님은 인간의 지성보다 크시기 때문이다. 그분의 크심은 짐작조차 불가능하다. 만약 하나님의 크심을 짐작할 수 있다면, 하나님은 하나님의 개념을 생각해 낼 수 있는 인간의 지성보다 못하다는 말이다. 하나님은 모든 언어보다 크시며, 따라서 그 어떤 말로도 하나님을 표현할 길이 없다. 하나님에 대한 우리의 모든 생각은 하나님보다 못하며, 우리의 가장 고상한 언변도 하나님에 비하면 하찮기 이를 데 없다."[19]

불행히도 오늘날은 무한이라는 말을 의미 그대로 쓰지 않고 단지 '많거나 상당한 수량'이라는 뜻으로 사용한다. 예를 들어 어떤 화가가 그림에 무한한 노력을 기울인다고 말하거나 선생님이 학생들에게 무한한 인내를 보인다고 말한다. 하지만 엄격하게 무한이라는 단어를 피조물에게 사용해서는 안 된다. 하나님 외에 그 누구에게도 사용해서는 안 되는 것이다. 따라서 공간이 무한하냐 그렇지 않느냐는 논쟁은 말장난이다. 무한은 오직 하나님에게만 해당되기 때문이다. 무한이라는 단어를 쓸 수 있는 두 번째 대상은 없다.

하나님은 무한하시다는 것은 하나님은 **한계를 모르신다**(no bounds)는 뜻이다. 하나님이 무엇이든, 하나님이 어떤 분이든, 하나님은 한계가 없다. 자, 말의 통속적 의미에서 벗어나서 사용해 보자. '무한한 부', '끝없는 에너지' 역시 틀린 표현이다. 하나님의 부(富)와 하나님의 에너지가 아니라면 그 어떤 부도 무한하지 않으며, 그 어떤 에너지도 끝이 있다.

하나님이 무한하시다는 말은 하나님은 **측량 못할**(measureless) 분이라는 뜻이다. 측량이란 피조물이 자신을 설명하는 방식이다. 측량은 한계와 불완전을 말하며, 따라서 하나님에게는 적용할 수 없다.

무게는 물체에 작용하는 지구의 중력을 말한다. 거리는 물체와 물체 사이의 간격을 말한다. 길이는 공간의 연장을 말한다. 이외에도 액체, 에너지, 소리, 빛, 수량 등을 표시하는 친숙한 측량법이 많다. 그것들을 동원해 추상적 대상도 측량하려 하며, 믿음이 크거나 적다고 말하고, 지능이 높거나 낮다고 말하며, 달란트가 대단하거나 미천하다고 말한다.

하지만 그 어떤 것도 하나님에게는 적용되지 않는다. 이런 것들은 하나님이 손으로 만드신 작품을 보기 위해 우리가 쓰는 방법일 뿐이지 하나님을 보는 방법은 아니다. 하나님은 이 모두를 넘어, 이 모두의 밖에, 이 모두를 초월해 계신다. 우리의 측량 개념은 산과 인간, 원자와 별, 중력, 에너지, 수, 속도를 포함하지만 하나님은 절대 포함하지 않는다.

우리는 치수나 양이나 크기나 무게와 하나님을 동시에 말하지 못한다. 이 모두는 정도(degrees)를 말하지만 하나님에게 정도란 없기 때문이다. 하나님의 전부는 성장하거나 추가되거나 발전하지 않는다. 하나님의 그 무엇도 적거나 많지 않으며, 크거나 작지 않다. 하나님은 제한적인 생각이나 말을 적용할 수 없는 하나님 자신이다. 하나님은 단지 하나님이다.

신적인 존재의 경외로운 심연(深淵)에 우리가 전혀 모르는 속성들이 있을지 모른다. 자비와 은혜라는 속성이 스랍이나 그룹에게 인격적으로는 아무런 의미도 없듯이 말이다. 이들 거룩한 존재는 이러한 하나님의 속성을 알기야 하지만 죄를 짓지 않아 하나님의 자비와 은혜가 필요하지 않기 때문에 이러한 속성을 실제로 느끼지는 못한다.

그러므로 하나님의 본질적인 존재에는 속량 받고 성령의 조명을 받은 그분의 자녀들에게조차 계시하지 않으신 부분들이 있을지 모른다. 하나님의 본성 가운데 이처럼 숨겨진 부분들은 오직 하나님과 하나님의 관계에만 연관이 있는 것이리라. 그것은 마치 있다는 건 알지만 아직 한 번도 탐사되지 않았으며, 우리에게 아무런 직접적 의미도 없는 달의 뒤쪽과 같다. 계시되지 않은 부분을 발견하려 애쓸 이유는 없다. 하나님이 하나님이심을 아는 지식으로 충분하다.

> 당신은 스스로 불붙는 불꽃으로
> 영원히 충만하며,
> 당신은 자신에게서
> 이름 모를 기름이 넘쳐나게 하십니다.
> 피조물의 예배가 없어도
> 당신의 얼굴을 가리지 않아도
> 하나님은 언제나 동일하십니다!
> ―프레드릭 파버

그러나 하나님의 무한성은 우리의 영원한 유익을 위해 우리에게 속하고 우리에게 알려진다. 그런데 그분의 무한성이 하나님께 경이감을 느끼는 것 외에 우리에게 **무엇을** 의미할까? 모든 면에서 의미하는 바가 많겠지만, 가장 큰 의미는 우리가 자신과 하나님을 더 잘 알게 된다는 점이다.

하나님의 본성은 무한하기 때문에, 그분의 무한성에서 흘러나오는 모든 것 또한 무한하다. 연약한 피조물인 우리 인간은 안팎에서 우리를 짓누르는 한계 때문에 끊임없이 좌절한다. 우리의 삶의 연수(年數)

는 짧고, 베틀 북보다 빠르다. 인생은 미룰 수 없는 연주회를 앞두고 하는 짧고 초조한 리허설이다. 어느 정도 숙달된 듯싶을 즈음에 아쉽게도 악기를 내려놓아야 한다. 우리의 본성이 우리가 할 수 있고 될 수 있다고 말하는 일이나 존재를 생각하고 행하며 이룩하기에는 시간이 부족하다.

우리의 한계를 깨닫고 한계가 없는 하나님께로 돌아선다면 완전한 만족을 얻는다. 하나님의 마음에는 영원한 연수(年數)가 있다. 하나님에게 시간은 흐르지 않으며 언제나 그대로다. 그리스도 안에 있는 사람들은 무한한 시간과 끝없는 연수의 모든 부요함을 그분과 공유한다. 하나님은 절대 서두르지 않으신다. 하나님은 지켜야 할 마감 날짜가 없다. 이것만 알아도 우리의 영혼은 평온해지고, 우리의 신경은 부드러워진다. 그리스도 밖에 있는 사람들에게 시간은 삼키는 야수와 같다. 그러나 새로 지음을 받으면 시간은 몸을 웅크리고 기분 좋은 소리를 내며 그들의 손을 핥는다. 옛사람의 원수가 새사람의 친구가 되며, 제 궤도를 도는 별들은 하나님이 높이길 기뻐하시는 사람을 위해 싸운다. 우리는 이것을 하나님의 무한성에서 배울 수 있다.

다만 하나님이 자연에서 주시는 선물은 한계가 있다. 피조되었기 때문이다. 그러나 그리스도 예수 안에 있는 영생의 선물은 하나님처럼 무한하다. 그리스도인은 하나님의 생명을 소유하며, 하나님의 무한성을 하나님과 공유한다. 하나님 안에는 만물이 항상 누리고도 남는 생명이 있다. 모든 자연적 생명은 태어나고 죽으며 존재하길 그치는 과정을 밟는다. 그러나 하나님의 생명은 그 자체로 돌아오며 절대로 그치지 않는다. "영생은 곧 유일하신 참 하나님과 그가 보내신 자 예수 그리스도를 아는 것이니이다" 요 17:3.

하나님의 긍휼 또한 무한하다. 내심 죄책감으로 고통 받아 온 사람은 이것이 단순히 학문적인 말이 아님을 안다. "죄가 더한 곳에 은혜가 더욱 넘쳤나니" 롬 5:20.

넘치는 죄는 세상의 공포지만 넘치는 은혜는 인류의 희망이다. 죄는 아무리 넘치더라도 한계가 있다. 왜냐하면 죄는 유한한 지성과 마음의 산물이기 때문이다. 그러나 "더욱 넘치는" 하나님의 은혜는 우리에게 무한성을 알려 준다. 하나님에게는 피조물인 우리의 깊은 질병을 치유할 무한한 능력이 있다.

유구한 세월 동안 기독교의 증언은 "하나님이 세상을 이처럼 사랑하셨다"는 것이다. 하나님의 무한성에서 그 사랑을 보는 일은 우리의 몫이다. 하나님의 사랑은 측량할 길이 없다. 뿐만 아니라 하나님의 사랑은 무한하다. 하나님의 사랑은 하나의 사물이 아니라 하나님의 본질적 속성의 한 면이기 때문이다. 하나님의 사랑은 그분의 일부이다. 하나님은 무한하시기 때문에 하나님의 사랑은 모든 피조 세계를 품을 수 있으며, 만 개의 세계를 만 번이라도 품고도 남을 만큼 넓다.

그분은, 그분은 우리가 경배하는 하나님,
신실하며 변함없는 우리의 친구

그분의 사랑이 그분의 능력만큼 크기에
측량할 길 없고 끝도 없네.

그분은 예수, 처음이요 나중이며,
그분의 성령이 우리를 본향으로 안전하게 인도하시리라.
지난 모든 일로 그분을 찬양하며
다가올 모든 일에서 그분을 신뢰하리라.

—조셉 하트(Joseph Hart)

9장 : 불변성 The Immutability of God

하나님은 조금도 변함이 없으시다

그리스도 우리 주님, 당신은 모든 세대에 우리의 거처가 되어 주셨습니다. 바위 너구리들이 바위로 달려가듯 우리는 안전을 위해 당신께 달려왔습니다. 새들이 방황하다 돌아오듯, 우리는 평안을 찾아 당신께로 날아왔습니다. 이 작은 자연과 인간 세상에는 우연과 변화가 넘쳐나지만, 당신에게는 변함도 회전하는 그림자도 없습니다. 당신의 품에서, 우리는 두려움과 의심 없이 안식하며, 염려 없이 내일을 맞습니다. 아멘.

하나님의 불변성(不變性, immutability)을 파악하려면 먼저 훈련이 필요하다. 피조물을 생각할 때 동원하는 일상적 사고와 무엇이든 하나님에게 속한다고 보이는 것을 붙잡으려 할 때 일어나는 보다 드문 사고를 구분할 줄 알아야 하기 때문이다.

하나님이 불변하다는 말은, 하나님은 절대로 자신과 다르지 않다는 뜻이다. 성경에 성장하거나 발전하는 하나님의 개념은 없다. 어떤 식으로든 하나님을 그분 자신과 다른 분으로 생각하기란 불가능하다.

도덕적 존재가 변하려면, 변화는 반드시 세 방향 가운데 한 쪽으로 일어나야 한다. 더 좋은 쪽에서 더 나쁜 쪽으로 변하거나 더 나쁜 쪽에서 더 좋은 쪽으로 변해야 한다. 또는 도덕적 성질이 안정되어 있더라도, 미숙한 단계에서 성숙한 단계로, 한 단계에서 다른 단계로 변할 때처럼 내적으로 변해야 한다. 하나님은 이 가운데 어느 방향으로도 변하지 못하시는 게 분명하다. 하나님은 완전하시기 때문이다.

하나님은 더 나은 쪽으로 변하실 수 없다. 하나님은 완전히 거룩하시기 때문에 절대로 지금보다 덜 거룩하신 적이 없으며, 지금이나 그 어느 때보다 더 거룩하실 수 없다. 하나님은 더 나쁜 쪽으로도 변하실 수 없다. 말로 못할 하나님의 거룩한 본성이 조금이라도 악화되기란 불가능하다.

우리가 생각하려는 순간 생각하는 대상은 더 이상 하나님이 아닌 다른 무엇이며, 하나님보다 못한 존재이기 때문이다. 우리가 생각하는 존재는 위대하고 경외로운 피조물이기는 하지만, 피조물이기 때문에 자존하는 창조자는 아니다.

하나님의 도덕적 성품이 변하지 못하듯이 그분의 신적 본질 또한 전혀 변하지 못한다. 하나님이라는 말의 뜻을 정확히 적용한다면 하나님은 오직 하나뿐이다. 하나님은 다른 어떤 존재도 아니며 다른 어떤 존재와도 다르다. 앞에서 하나님이 자존하며(self-existent), 자족하며(self-sufficient), 영원하다는 점에서 피조물과 어떻게 다른지 살펴보았다. 이러한 속성들 때문에 하나님은 하나님일 뿐 다른 어떤 존재도 아니다. 조금이라도 변하는 존재는 자존하지도, 자족하지도, 영원하지도 않으며, 따라서 하나님이 아니다.

부분들로 이루어진 존재만이 변한다. 왜냐하면 변화란 근본적으로 전체를 이루는 부분들과 연관된 변동이거나 외부 요소가 본래의 구조 속으로 들어오는 현상이기 때문이다. 하나님은 자존하시기 때문에 구성된 존재가 아니다. 하나님 안에는 변화를 일으키는 부분이라는 게 없다. 하나님은 자족하시기 때문에 그 무엇도 외부에서 그분에게로 들어가지 못한다.

안셀름은 이렇게 말한다. "무엇이든 부분들로 구성된 존재는 전혀 하나가 아니라 일종의 복수(複數)이며 자신과 다르고, 사실적으로나 개념적으로 분해가 가능합니다. 그러나 주님, 당신에게는 부분들이 없으므로 당신은 하나이십니다. 당신은 참으로 단일한 존재(unitary being)이며 자신과 완전히 일치하시므로 조금이라도 자신과 다르지 않으십니다. 오히려 당신은 일체(一體, unity) 자체이시며, 그 어떤 개념으로도 나누지 못하는 분입니다."[20]

"현재의 하나님은 과거의 하나님 그대로이며, 과거의 하나님이 미래의 하나님 그대로일 것이다." 하나님은 자신에 관해 하신 말씀을 조금도 수정하지 않으실 것이다. 영감을 받은 선지자들과 사도들이 하나님에 관해 했던 말 또한 하나도 취소되지 않을 것이다. 하나님의 불변성이 이것을 보장한다.

하나님의 불변성은 인간의 가변성과 비교할 때 가장 완벽하고 아름답게 나타난다. 하나님에게는 변화가 불가능하다. 그러나 인간은 변화를 피하는 게 불가능하다. 인간도, 인간의 말도 끊임없이 변한다. 인간은 웃고 울며, 일하고 놀다가 뒤에 오는 사람들에게 자리를 내준다. 이러한 순환은 끝없이 반복된다.

어떤 시인들은 변화의 법칙에서 우울한 즐거움을 발견했으며, 끊임없는 변화를 단조로 노래했다. 천막쟁이 오마르(Omar)는 인류를 괴롭히는 쌍둥이 질병인 변화와 가변성을 비애와 해학으로 노래했다. 그는 토기장이에게 이렇게 훈계한다. "진흙을 그렇게 패대기치지 마시오. 그대가 마구 주무르는 진흙이 그대 할아비의 진토일지 모르잖소!" 그리고 그는 술 마시는 사람에게 이렇게 상기시킨다. "그대가 잔을 들어 붉은 포도주를 들이킬 때, 오래전에 죽은 미인에게 입을 맞추고 있을지도 모르는 일일세."

부드러운 해학을 표현하는 이런 달콤하고 슬픈 가락은 그의 4행시를 빛나도록 아름답게 한다. 그러나 아무리 아름답더라도 그의 장편시는 병들었으며 죽음에 이른다. 뱀에게 홀려 잡아먹히는 새처럼, 시인은 자신과 모든 인간, 모든 세대의 인간을 파멸시키는 원수에게 홀려 있다.

성경 저자들도 인간의 가변성을 보았다. 그러나 이들은 건강했으며, 이들의 말에는 건강한 힘이 있다. 그들은 사망을 이길 수 있는 치료약을 발견했다. 바로 불변하시는 하나님이시다. 변화의 법칙은 타락한 세상에 속하지만, 하나님은 불변하시며, 믿음의 사람들은 그분에게서 마침내 영원히 변하지 않는 것을 찾아낸다.

한편 변화는 하나님 나라의 자녀들에게 불리한 게 아니라 오히려 유익하다. 하나님 나라의 자녀들에게 일어나는 변화를 일으키시는 분은 살아 계신 성령이다. 사도 바울은 이렇게 말한다. "우리가 다 수건을 벗은 얼굴로 거울을 보는 것같이 주의 영광을 보매, 저와 같은 형상으로 화하여 영광에서 영광에 이르니, 곧 주의 영으로 말미암음이니라" 고후 3:18.

변화하고 부패한 세상에서는 믿음의 사람이라도 완전히 행복할 수는 없다. 믿음의 사람은 본능적으로 변하지 않는 존재를 찾으며, 소중하고 친숙한 것들과 이별한다.

오 주님! 내 마음이 불편합니다.
끝없는 변화에 속이 울렁거립니다.
인생은 쉬지도 않고 줄기차게 변하면서

지겹도록 빠르게 달립니다.
변화는 당신에게서 자신의 닮은꼴을 찾지 못하며
당신의 말없는 영원에는 변화의 메아리가 없습니다.

―프레드릭 파버

    파버의 노래에 누구나 공감할 것이다. 세상 만물에 안정성이 없음을 두고 깊이 한탄할 수도 있다. 하지만 이처럼 타락한 세상에서 변화하는 능력은 금 같은 보화이며, 감사해야 할 만큼 엄청나게 가치 있는 하나님의 선물이다. 왜냐하면 인간이 구속 받기 위해서는 변할 수 있는 능력이 있어야 하기 때문이다.

    한 종류의 인간에서 다른 종류의 인간으로 옮겨 가는 것이 회개의 본질이다. 거짓말쟁이가 믿을 만하게 되고, 도둑이 정직하게 되며, 음란한 사람이 깨끗하게 되고, 교만한 사람이 겸손해진다. 삶의 도덕적 조직 전체가 바뀐다. 생각과 바라는 것과 애정이 바뀌며, 사람도 더 이상 예전 그 사람이 아니다. 이러한 변화가 얼마나 철저한지 사도 바울은 변화하기 전의 사람을 "옛사람"이라 부르고, 변화한 후의 사람을 "자기를 창조하신 자의 형상을 좇아 지식에까지 새롭게 하심을 받는 자"라고 부른다골 3:10.

    그 변화는 어떤 외적 행동으로도 나타나지 않을 만큼 더 깊고 근본적이다. 왜냐하면 변화는 다른 존재, 더 높은 존재의 생명을 받아들이는 일도 포함하기 때문이다. 옛사람은 기껏해야 아담의 생명을 갖는다. 하지만 새사람은 하나님의 생명을 갖는다. 하나님이 한 사람의 영혼에 영생을 불어넣으시면 그는 새롭고 더 높은 차원의 존재가 된다.

구속의 과정을 진행하면서 변하지 않으시는 하나님은 변화를 충분히 이용하신다. 그리고 연속적인 변화를 통해 마침내 우리가 불변의 상태에 이르게 하신다.

히브리서에 이러한 사실이 가장 분명하게 나타난다. "그 첫 것을 폐하심은 둘째 것을 세우려 하심이니라" 히 10:9. 이 말씀은 최고의 교훈이다. 옛 언약이 폐기되고, 새롭고 영원한 언약이 그 자리를 대신했다. 유월절 어린양의 피가 뿌려질 때 염소와 수소의 피는 의미를 잃었다. 율법과 제단과 제사장직은 모두 일시적이다. 그러나 이제는 하나님의 영원한 법이 인간의 영혼을 구성하는 살아 있고 예민한 것에 영원히 새겨졌다. 고대의 성소는 더 이상 없지만 하늘에 있는 새로운 성소는 영원하며, 하나님의 아들이 그 성소의 영원한 제사장이다.

이처럼 하나님은 구속받은 그분의 식구들에게 복을 주려고 변화를 비천한 종으로 사용하신다. 그러나 하나님 자신은 변화의 법칙 밖에 계시며 우주에서 일어나는 어떤 변화에도 영향을 받지 않으신다.

> 변하는 만물이 외칩니다.
> 주는 영원히 동일하시도다.
> —찰스 웨슬리

다시 쓰임새의 문제를 제기하며 누군가 묻는다. "하나님이 불변하다는 지식이 나에게 무슨 소용이 있습니까? 모두 형이상학적 사색에 불과하지 않습니까? 이런 지식이 특별한 지성을 가진 사람들에게는 일종의 만족을 줄지 모르지만 현실적인 사람들에게는 실제로 아무 의미가 없지 않습니까?"

'현실적인 사람들'이라는 말이 세속적인 일에 몰두하며 그리스도의 주장이나 자기 영혼의 행복이나 내세(來世)에 무관심한 불신자들을 의미한다면, 이들에게 이러한 책은 아무 의미도 없다. 종교를 진지하게 다루는 그 어떤 책도 의미 없기는 마찬가지다.

그러나 이러한 사람들이 많을지라도 세상 모든 사람들이 다 이들 같다는 뜻은 아니다. 지금도 바알에게 무릎을 꿇지 않은 7천 명이 있다. 이들은 자신들이 하나님을 예배하고 그분의 임재를 영원히 누리기 위해 창조되었다고 믿으며, 영원을 함께 보낼 하나님을 알기 위해 최선을 다한다.

사람들은 우리를 잊어버리며, 개인적 이익에 따라 우리에 대한 태도를 바꾸고 아주 작은 이유 때문에 우리에 대한 견해를 수정한다. 이러한 세상에서 하나님은 우리처럼 변하지 않는다는 지식은 놀라운 힘의 근원이지 않는가? 우리를 향한 하나님의 태도가 영원부터 영원까지 동일하다는 사실 또한 그렇지 않은가?

하늘에 계신 우리 아버지는 절대로 자신과 다르지 않다는 깨달음은 그리스도인의 마음에 놀라운 평안을 준다. 어느 때에 그분에게 나아가든 그분은 우리를 반겨 맞으신다. 그분은 사랑과 믿음뿐 아니라 아픔과 필요도 잘 아신다. 그분은 그 무엇에 대해서도 마음을 바꾸지 않으신다. 오늘 이 순간, 그분은 자신의 피조물에 대해, 아기들에 대해, 병자들에 대해, 넘어진 자들에 대해, 죄악으로 가득한 자들에 대해, 독생자를 세상에 보내어 인류를 위해 죽게 하셨을 때와 정확히 똑같이 느끼신다.

하나님은 절대로 마음이 바뀌거나 애정이 식거나 열심을 잃지 않으신다. 죄에 대한 하나님의 태도는 지금이나 죄악된 인간을 에덴동산에서 쫓아내셨을 때나 동일하며, 죄인에 대한 하나님의 태도는 지금이나 자신의 두 손을 벌리고 "수고하고 무거운 짐 진 자들아 다 내게로 오라 내가 너희를 쉬게 하리라" 하고마 11:28 외치셨을 때나 동일하다.

하나님은 타협하지 않으며 감언이설에 넘어가지 않으신다. 하나님은 설득당하여 말씀을 바꾸거나 이기적인 기도에 응답하지 않으신다. 그러므로 우리가 하나님을 찾고, 그분을 기쁘게 하고, 그분과 교제하려고 모든 노력을 기울이면, 모든 변화는 우리 몫이 된다. "나 여호와는 변역지 아니하나니"말 3:6. 우리는 그분의 말씀에 귀 기울이고, 그분이 계시하신 뜻에 맞게 살면 된다. 그러면 하나님의 무한한 능력이 진리의 성경에서 복음을 통해 제시된 방법으로 즉시 우리를 향해 역사할 것이다.

존재의 원천이요! 선의 근원이여!

당신은 불변하시도다!

변화의 그림자도 당신의 영광스런 통치를

흐리지 못하나이다.

땅은 그 모든 힘과 함께 소멸하리라.

위대하신 창조주의 뜻이라면.

그러나 당신은 영원히 동일하시며,

'스스로 있는 자'가 당신의 이름입니다.

— 월커의 찬송가집(Walker's Collection)에서

10장 : 전지 The Divine Omniscience

하나님은
모든 것을 아신다

하나님, 당신은 모든 것을 아십니다. 나의 앉고 일어섬을 아시며, 나의 모든 길도 아십니다. 당신은 나의 전부를 아시므로, 당신에게는 그 무엇도 숨기지 못합니다. 당신의 완전한 지식의 빛 아래, 나는 어린아이처럼 정직할 것입니다.

모든 근심을 버리도록 도우소서. 당신은 나의 길을 아시며, 당신께서 나를 단련하신 후에 내가 정금같이 되리라 믿기 때문입니다. 아멘.

하나님이 전지(全知)하다는 말은 하나님은 지식이 완전하기에 배울 필요가 없으시다는 뜻이다. 그러나 이 말에는 더 큰 뜻이 있다. 이 말은 하나님은 전혀 배운 적이 없으며 배우지도 않으신다는 뜻이다.

성경은 하나님이 그 누구에게도 배우신 적이 없다고 가르친다. "누가 여호와의 신을 지도하였으며, 그의 모사가 되어 그를 가르쳤으랴? 그가 누구로 더불어 의논하셨으며, 누가 그를 교훈하였으며, 그에게 공평의 길로 가르쳤으며, 지식을 가르쳤으며, 통달의 도를 보여 주었느뇨?" 사 40:13-14.

"누가 주의 마음을 알았느뇨? 누가 그의 모사가 되었느뇨?" 롬 11:34.

이사야 선지자와 사도 바울이 던진 이러한 수사학적 질문은 하나님이 전혀 배우신 적이 없다고 선언한다.

여기서 한 걸음만 더 나가면 하나님은 배우지 않으신다는 결론에 이른다. 하나님이 어떤 순간에나 어떤 방식으로든 자신에게 없으며 영원 전부터 없었던 지식을 받아들이신다면, 그분은 불완전하며 자신보다 못한 존재일 것이다. 선생의 발 앞에 앉아야 하는 하나님을 생각한다면, 천지를 지으신 지존하신 하나님이 아닌 다른 존재를 생각한다는 뜻이다.

이처럼 부정어법(否定語法)을 사용해 하나님의 전지성(全知性, omniscience)에 접근하는 방식은 우리가 처한 상황 때문에 아주 정당하다. 하나님에 대한 우리의 지식은 너무나 적고 모호해서, 하나님이 어떤 분인지 알려고 씨름하면서 단순히 하나님이 어떤 분이 아닌지 생각함으로써 상당한 유익을 얻을 때가 있다. 지금까지 하나님의 속성을 살펴보면서 부정의 접근법을 자유롭게 활용했다. 하나님은 기원(origin)이 없으며, 하나님은 시작이 없으며, 하나님은 조력자가 필요 없으며, 하나님은 변하지 않으시며, 하나님의 본질적 존재에는 한계가 없음을 보았다.

인간에게 하나님이 어떤 분이 아닌지 보여 줌으로써 하나님이 어떤 분인지 알려 주려는 이 같은 방법을 영감된 성경 저자들도 활용한다. 이사야는 이렇게 외친다. "너는 알지 못하였느냐? 듣지 못하였느냐? 영원하신 하나님 여호와, 땅 끝까지 창조하신 자는 피곤치 아니하시며 곤비치 아니하시며 명철이 한이 없으시며"사 40:28. 그리고 하나님은 "나 여호와는 변역지 아니하나니"라고 친히 말씀하시는데말 3:6, 이 말씀은 어떤 긴 논문보다 하나님의 전지성에 대해 더 많이 알려 준다.

사도 바울은 하나님의 영원한 신실성(信實性, trustfulness)을 부정어법을 사용하여 "하나님은 거짓말을 못하신다"(딛 1:2, KJV, 개역한글 "거짓이 없으신 하나님")라고 표현한다. 천사는 "대저 하나님의 모든 말씀은 능치 못하심이 없느니라"고 선언할 때눅 1:37 이중부정을 통해 강한 긍정을 표현한다.

성경만 하나님이 전지하시다고 가르치는 게 아니다. 하나님에 관한 다른 모든 가르침에서도 하나님의 전지성을 추론해야 한다. 하나님은 자신을 완전히 아시며, 만물의 근원이며 창조자다. 그러므로 하나님은 알려질 수 있는 것은 모두 아신다. 하나님의 지식은 즉각적이고 완전하기 때문에, 그분의 지식은 지금 존재하거나 과거 어느 때에 우주 어딘가에 존재했을지 모르거나 미래의 어느 시대에 존재할지 모르는 만물에 대한 가능한 모든 지식을 포함한다.

하나님은 즉시, 힘들이지 않고 아신다. 하나님은 모든 일과 모든 일들을 아시며, 모든 마음과 각 마음을 아시며, 모든 영혼과 모든 영혼들을 아시며, 모든 존재와 각 존재를 아시며, 모든 피조물과 모든 피조물들을 아시며, 모든 복수(複數)와 모든 복수들을 아시며, 모든 법과 각 법을 아시며, 모든 관계를 아시며, 모든 원인을 아시며, 모든 생각을 아시며, 모든 신비를 아시며, 모든 수수께끼를 아시며, 모든 느낌을 아시며, 모든 바람을 아시며, 말하지 않은 모든 비밀을 아시며, 모든 보좌와 통치를 아시며, 모든 성격을 아시며, 하늘과 땅의 보이는 모든 존재와 보이지 않는 모든 존재를 아시며, 움직임을 아시며, 공간을 아시며, 시간을 아시며, 삶을 아시며, 죽음을 아시며, 선을 아시며, 악을 아시며, 천국을 아시며, 지옥을 아신다.

하나님은 만물을 완전히 아시기 때문에 모든 것을 똑같이 잘 아신다. 하나님은 절대로 놀라지 않으신다. 하나님은 절대로 그 무엇에도 경탄하지 않으신다. 또한 사람들의 유익을 위해 그들을 유도하실 때를 제외하면 절대로 정보를 구하거나 질문하지도 않으신다.

하나님은 자존하시며, 자족하시며, 그 어떤 피조물도 모르는 자신을 완전히 아신다. "하나님의 사정도 하나님의 영 외에는 아무도 알지 못하느니라" 고전 2:11. 오직 무한하신 분만이 무한을 아신다.

하나님의 전지성을 앎으로써 신성(神性)에 대해 두려움과 황홀함이 교차하는 사람도 있을 것이다. 하나님은 각 사람을 속속들이 아시기 때문에 용서받지 못한 죄가 있거나 사람이나 하나님에게 지은 은밀한 죄를 숨기고 있는 사람은 두려움에 떨게 된다.

깨끗하지 못한 영혼은 하나님이 모든 평계의 내면과 죄악된 행동의 진짜 이유를 완전히 아시므로 궁색한 변명을 절대 받아들이지 않으신다는 사실에 두려워 떠는 게 마땅하다. "주께서 우리의 죄악을 주의 앞에 놓으시며 우리의 은밀한 죄를 주의 얼굴 빛 가운데에 두셨사오니" 시 90:8.

아담의 후손들이 동산의 또 다른 나무 뒤에 숨으려는 모습을 상상해 보라. 그러나 이들이 어디에 숨겠는가? "내가 주의 신을 떠나 어디로 가며 주의 앞에서 어디로 피하리이까? … 내가 혹시 말하기를, 혹 암이 정녕 나를 덮고 나를 두른 빛은 밤이 되리라 할지라도 주께서는 흑암이 숨기지 못하며 밤이 낮과 같이 비취나니 주에게는 흑암과 빛이 일반이니이다" 시 139:7, 11-12.

복음이 제시하는 소망을 붙잡기 위해 피난처로 달려온 우리는, 하늘에 계신 우리 아버지께서 우리를 완전히 안다는 사실이 말할 수 없이 기쁘다. 그 어떤 고자질쟁이라도 우리에 관해 그분께 고자질할 게 없으며, 그 어떤 원수라도 그분께 우리를 고소하지 못한다. 그 어떤 해골이라도 어느 구석에서 튀어나와 그분 앞에서 우리의 과거를 들춰내어 우리를 곤혹스럽게 하지 못한다.

우리의 인격에서 하나님도 모르는 약점이 드러나 그분이 우리에게 등을 돌리게 하는 일은 절대 없다. 왜냐하면 하나님은 우리가 그분을 알기 전에 우리를 완전히 아셨으며, 우리에게 불리한 정보를 모두 아시는 상태에서 우리를 자신에게로 부르셨기 때문이다. "산들은 떠나며 작은 산들은 옮길지라도 나의 인자는 네게서 떠나지 아니하며, 화평케 하는 나의 언약은 옮기지 아니하리라. 너를 긍휼히 여기는 여호와의 말이니라" 사 54:10.

하늘에 계신 우리 아버지는 우리의 체질을 아시며, 우리가 먼지일 뿐임을 기억하신다 시 103:14. 하나님은 우리의 타고난 패역도 아셨으며, 자신을 위해 우리를 구원하겠다고 약속하셨다 사 48:8-11. 하나님의 독생자께서 우리 가운데 거니실 때, 우리의 아픔을 고스란히 느끼셨다. 우리의 고통과 역경에 대한 그분의 지식은 단순히 이론이 아니다. 체험적이며, 따뜻하며, 공감적인 지식이다. 우리에게 무슨 일이 일어나든 하나님은 그 누구도 흉내 내지 못할 만큼 알고 돌보신다.

그분은 모두에게 자신의 기쁨을 주신다.
그분은 작은 아기가 되신다.
그분은 고뇌의 사람이 되신다.
그분은 슬픔도 느끼신다.

그대는 한숨뿐인 인생이라 생각지 말라.

그대의 창조자가 곁에 없다고 생각지 말라.

그대는 눈물뿐인 인생이라고 생각지 말라.

그대의 창조자가 가까이 없다고 생각지 말라.

오! 그분은 우리에게 자신의 기쁨을 주셔서

우리의 슬픔을 멸하신다.

우리의 슬픔이 달아나고 사라질 때까지

그분은 우리 곁에 앉아 함께 우신다.

─윌리엄 블레이크(William Blake)

The Wisdom of God 지혜 : **11**장

하나님은 모든 지혜의 근본이시다

그리스도여, 당신은 모든 부분에서 우리와 똑같이 시험을 받으셨으나 죄가 없으시며, 지혜로워지려는 욕망과 우리처럼 무지한 사람들에게 지혜롭다는 칭찬을 듣고 싶은 욕망을 이기도록 우리를 강하게 하십니다. 우리가 우리의 어리석음뿐 아니라 지혜까지 뒤로하고 하나님의 지혜이며 하나님의 능력이신 당신께 피하나이다. 아멘.

하나님을 믿는 믿음을 시작으로 하나님의 지혜를 짧게 살펴보려 한다. 믿기 위해 이해하려는 것이 아니라, 이해하기 위해 믿을 것이다. 그러므로 하나님이 지혜롭다는 증거를 찾으려 들지 않을 것이다. 믿지 않는 마음은 그 어떤 증거에도 확신을 갖지 못하겠지만 예배하는 마음은 그 어떤 증거도 필요 없기 때문이다.

다니엘 선지자는 이렇게 외쳤다. "지혜와 권능이 그에게 있음이로다. 그는 … 지혜자에게 지혜를 주시고 지식 자에게 총명을 주시는도다. 그는 깊고 은밀한 일을 나타내시고 어두운 데에 있는 것을 아시며 또 빛이 그와 함께 있도다" 단 2:20-22.

믿는 사람은 다음과 같은 천사의 노래에도 반응한다. "찬송과 영광과 지혜와 감사와 존귀와 권력과 힘이 우리 하나님께 세세토록 있을지로다" 계 7:12.

이런 사람에게는 하나님이 그분의 지혜와 능력에 대한 증거를 제시하실 필요가 없다. 그분이 하나님이라는 사실만으로 충분하지 않은가?

하나님은 지혜롭다는 기독교 신학에는 이 말보다 훨씬 많은 의미가 내포되어 있다. 왜냐하면 이 선언은 내포된 사상의 순전한 무게에 눌려 단어가 찢어지고 부서질 정도로 무한한 의미를 연약한 단어에 담았기 때문이다. 시편기자는 "그 지혜가 무궁하시도다"라고 노래한다 시 147:5. 여기서 신학이 표현하려 애쓰는 대상은 바로 하나님의 무한성이다.

무한성이라는 단어는 유일무이(唯一無二)한 대상을 설명하기 때문에 어떤 수식어도 가질 수 없다. 우리는 '더 유일무이한'이라거나 '매우 무한한'이라고 말하지 않는다. 무한 앞에서 우리는 침묵한다.

사실 이차적이며 피조된 지혜가 있다. 하나님이 그분의 피조물에게 그들에게 가장 유익할 만큼 주신 지혜다. 그러나 어느 피조물이나 모든 피조물의 지혜는 하나님의 무한한 지혜와 비교하면 초라하기 짝이 없다. 이런 이유 때문에 "홀로 지혜로우신 하나님" 딤전 1:17, KJV이라는 사도 바울의 표현은 정확하다. 다시 말해 하나님은 스스로 지혜로우시며, 인간이나 천사의 반짝이는 모든 지혜는 하늘의 존엄하신 분의 보좌에서 흘러나오는 피조되지 않은 광채의 반사광일 뿐이다.

하나님은 무한히 지혜롭다는 개념은 모든 진리의 뿌리요, 하나님에 관한 모든 믿음을 견고히 하는 토대다. 하나님은 피조물과 관계 없이 존재하신다. 그러므로 하나님은 우리가 그분에 대해 어떻게 생각하느냐에는 아무런 영향을 받지 않으신다. 그러나 건전한 도덕성을 지키기 위해서는 우주의 창조자와 유지자에게 완전한 지혜를 돌려야 한다. 이러길 거부하면 우리는 금수(禽獸)와 다를 바가 없다.

성경에서는 하나님과 선한 사람들에 대해 이야기할 때 지혜라는 말을 사용한다. 지혜는 깨끗하고 사랑스럽고 선하다고 여겨진다. 약빠를 뿐인 지혜는 악인에게 돌려질 때가 많으며, 이러한 지혜는 패역하고 거짓되다. 이러한 두 종류의 지혜는 항상 충돌한다. 실제로 시내산 꼭대기나 갈보리 언덕에서 보면, 세상의 모든 역사는 한마디로 하나님의 지혜와 사탄 및 타락한 인간의 교활함 사이에서 일어나는 싸움이다. 싸움의 결과는 분명하다. 불완전한 존재가 완전한 존재 앞에 마침내 쓰러진다. 하나님은 지혜 있는 자들이 자기 꾀에 빠지게 하시며, 지혜 있는 자들의 생각이 헛것이 되게 하겠다고 경고하셨다고전 3:19-20.

지혜란 무엇보다도 완전한 목적을 세우고 가장 완전한 수단으로 그 목적을 이루는 능력이다. 지혜는 처음부터 끝을 알며, 따라서 짐작하거나 추측할 필요가 없다. 지혜는 모든 것을 집중해서 보며 각각을 전체와 적절히 연결해서 보기 때문에 미리 정한 목표를 향해 실수 없이 정확히 나아갈 수 있다.

하나님의 모든 행위는 완전한 지혜 가운데 이루어지는데, 첫째는 그분의 영광을 위해, 그 다음은 가장 오랜 기간, 가장 많은 사람들의 가장 큰 유익을 위해 이루어진다. 하나님의 모든 행위는 지혜로운 만큼 깨끗하며, 지혜롭고 깨끗한 만큼 선하다. 하나님의 행위는 더 좋을 수 없다. 다시 말해, 하나님이 더 좋은 방법으로 행동하실 수도 있으셨다는 것은 상상조차 불가능하다. 무한히 지혜로운 하나님은 유한한 피조물이 개선하지 못할 방법으로 일하신다. 오 주님, 당신의 솜씨가 얼마나 아름다운지요! 당신은 지혜로 만물을 창조하셨나이다. 온 땅이 당신의 부요함으로 충만합니다!

창조가 없었다면, 하나님의 지혜는 하나님의 속성의 무한한 심연(深淵)에 영원히 갇혀 있었을지 모른다. 하나님이 피조물을 창조하신 이유는 그들을 기뻐하고 그들 또한 그분을 기뻐하게 하기 위해서다. "하나님이 그 지으신 모든 것을 보시니 보시기에 심히 좋았더라"창 1:31.

유구한 세월이 흐르는 동안 많은 사람들은 세상이 잘못되어 가는 것을 보면서 지혜를 믿지 못하겠다고 했다. 볼테르(Voltaire, 프랑스 철학자)는 「캉디드」(Candide, 1759년에 발표한 철학소설)에서 철저한 낙관주의자를 소개한다. 볼테르는 그를 닥터 팡글로스(Dr. Pangloss)라 부르며, 그의 입을 통해 "가능한 최상의 세계" 철학에 대한 주장을 편다. 물론 이 프랑스 냉소주의자는 노교수의 철학이 우스꽝스럽게 보이게 하는 상황에 그를 빠뜨리면서 아주 즐거워했다.

그러나 기독교의 인생관은 '충분한 이유'를 내세우는 닥터 팡글로스의 인생관보다 아주 현실적이다. 지금 이 순간의 세계는 가능한 모든 세계 가운데 최상의 세계가 아니라 큰 비극의 그림자 아래, 즉 인간의 타락 아래 있다. 영감된 성경 저자들은 이제 온 피조물이 타락의 강력한 충격에 함께 탄식하며 고통을 겪는다고 말한다롬 8:22 참조. 이들은 '충분한 이유'를 제시하려 하지 않는다. 이들은 "피조물이 허무한 데 굴복하는 것은 자의가 아니요, 오직 소망 가운데 그것들을 굴복케 하시는 그분 때문이니라"고 단언한다롬 8:20, KJV. 이들은 하나님이 인간을 대하시는 방법을 정당화하려고 애쓰지 않는다. 단지 사실을 선포할 뿐이다. 하나님의 존재가 스스로를 변호한다.

그러나 우리가 흘리는 모든 눈물에는 소망이 있다. 그리스도께서 승리하시는 때가 오면 고통당하는 세상이 하나님의 아들의 영광스러운 자유를 누릴 것이다. 새로운 피조물이 된 사람들에게 황금시대는 과거가 아니라 미래이며, 그 시대가 오면 우주는 하나님이 우리에게 모든 지혜와 명철을 풍성히 주셨다는 사실에 놀랄 것이다. 그때까지 우리의 구원자이신 지혜로운 하나님에게만 소망을 두고 안식하며, 그분의 선한 목적이 성취를 향해 천천히 나아가는 모습을 보면서 인내하며 기다려야 한다.

눈물과 고통과 죽음에도 불구하고, 우리는 우리 모두를 지으신 하나님이 무한히 지혜롭고 선하다고 믿는다. 아브라함이 불신앙을 통해 하나님의 약속을 흔들지 않고 오히려 강한 믿음으로 하나님께 영광을 돌리며 하나님은 약속을 지키실 수 있다고 확신했듯이, 우리도 오직 하나님께 소망을 두고 날이 밝을 때까지 바랄 수 없는 중에 바라고 나아가야 한다.

우리는 하나님이 어떤 분이신지만 생각하자. 이것만이 진정한 믿음이다. 눈에 보이는 증거가 뒷받침되어야 하는 믿음은 진정한 믿음이 아니다. "예수께서 가라사대 너는 나를 본 고로 믿느냐 보지 못하고 믿는 자들은 복되도다 하시니라" 요 20:29.

믿음은 타락한 이 세상이 어떻게 보이더라도 하나님의 모든 행위는 완전히 지혜롭다고 증언한다. 영원한 아들이 인간의 육체로 오셨다는 사실은 하나님의 전능한 행위 가운데 하나였으며, 우리는 이러한 경외로운 행위가 무한하신 분에게만 가능한 완전함 속에서 이루어졌다고 확신한다. "크도다 경건의 비밀이여, 그렇지 않다 하는 이 없도다. 그는 육신으로 나타난 바 되시고" 딤전 3:16.

대속도 하나님의 모든 행위의 특징인 흠 없는 기술로 성취되었다. 대속을 완벽히 이해하지 못하지만, 그리스도의 대속 사역이 하나님과 인간을 완전히 화해시켰으며, 모든 믿는 자들에게 하나님 나라의 문을 열었다는 사실은 분명히 안다. 더 이상 설명하려 들지 말고 선포하라! 십자가에서 일어난 모든 일을 하나님이 우리에게 어떻게 이해시키실지 참으로 궁금하다. 베드로 사도에 따르면, 천사들조차도 그 위대한 사실을 모두 알 수는 없을 것이다.

복음의 능력, 거듭남, 성령 강림, 악의 궁극적 패배, 그리스도의 의의 나라의 최종적 건설 등 이 모두가 하나님의 무한히 충만한 지혜에서 나온다. 천상의 가장 복된 무리의 가장 거룩한 관찰자의 가장 날카로운 눈도 하나님이 이 모두를 이루시는 방법에서 하나의 흠도 찾아내지 못한다. 스랍과 그룹이 지혜를 합쳐도 하나님이 하시는 일에서 개선할 부분을 찾아내지 못한다. "하나님의 행하시는 것은 영원히 있을 것이라. 더 할 수도 없고 덜 할 수도 없나니, 하나님이 이같이 행하심은 사람으로 그 앞에서 경외하게 하려 하심인 줄을 내가 알았도다" 전 3:14.

하나님은 지혜가 무한하다는 진리를 신앙고백의 내용으로 삼는 것은 아주 중요하다. 단, 인정하는 데서 그쳐서는 안 된다. 믿음을 실천하고 기도함으로써 하루하루의 삶에 하나님의 지혜를 적용해야 한다.

하늘에 계신 우리 아버지께서 우리의 환경이 지금 우리의 유익뿐 아니라 우리의 영원한 복락을 위해 움직이도록 섭리하신다는 굳은 믿음은, 우리 영혼에 참으로 큰 축복이다. 대부분 사는 동안 조금 기도하고, 조금 계획하고, 자리를 위해 속임수를 쓰고, 바라기는 하지만 전혀 확신하지 않고, 길을 잃을까 봐 항상 남모르게 두려워한다. 이것은 진리를 비극적으로 낭비하는 짓이며, 절대로 마음에 안식을 주지 못한다.

우리 자신의 지혜를 부인하고 무한한 하나님의 지혜를 취하자. 앞을 내다보려는 우리의 고집은 너무나 자연스럽지만, 영적 진보에는 방해만 될 뿐이다. 우리가 믿음으로 하나님을 향하는 순간, 하나님은 친히 우리의 영원한 행복을 책임지고 우리의 삶을 맡아 경영할 준비가 되어 있으시다. 하나님은 이렇게 약속하신다. "내가 소경을 그들의 알지 못하는 길로 이끌며, 그들의 알지 못하는 첩경으로 인도하며, 흑암으로 그 앞에 광명이 되게 하며, 굽은 데를 곧게 할 것이라. 내가 이 일을 행하여 그들을 버리지 아니하리니" 사 42:16.

> 눈을 가린 채 그분의 인도를 따르라.
> 사랑은 알지 않아도 되며,
> 아버지께서 인도하시는 자녀들은
> 어디로 가느냐고 묻지 않도다.
> 길을 전혀 모른 채

황무지를 지나고 산을 넘어도.

—게르하르트 테르슈테겐(Gerhard Tersteegen)

하나님은 짙은 어둠 속에서도 그분을 신뢰하도록 우리에게 계속 용기를 주신다. "내가 네 앞서 가서 험한 곳을 평탄케 하며, 놋문을 쳐서 부수며, 쇠빗장을 꺾고, 네게 흑암 중의 보화와 은밀한 곳에 숨은 재물을 주어서 너로 너를 지명하여 부른 자가 나 여호와 이스라엘의 하나님인 줄 알게 하리라" 사 45:2-3.

참으로 많은 하나님의 강한 역사가 인간이나 천사들의 눈에 띄지 않고 은밀하게 이루어진다. 이 얼마나 힘이 되는 사실인가! 하나님이 하늘과 땅을 창조하실 때, 흑암이 깊음 위에 있었다 창 1:2. 영원한 아들이 육신이 되실 때, 그분은 아름다운 처녀의 태에서 잠시 어둠에 머물러 계셨다. 그분이 세상을 살리기 위해 죽으실 때, 이 일은 끝까지 아무도 보지 못하는 어둠 속에서 이루어졌다.

그분이 죽은 자 가운데서 다시 살아나실 때, 이 일은 "아직 어두울 때에" 이루어졌다 요 20:1. 아무도 그분이 부활하시는 장면을 보지 못했다. 마치 하나님이 이렇게 말씀하신 듯했다. "너희에게 중요해야 할 문제는 내가 누구이냐 하는 것뿐이다. 여기에 너희의 소망과 평안이 있기 때문이다. 나는 내가 하려는 일을 하며, 그 일은 마침내 밝혀지겠으나 내가 그 일을 어떻게 하는지는 나만 아는 비밀이다. 나를 믿고, 두려워하지 말아라."

우리의 가장 큰 행복을 바라시는 하나님의 선하심과 이것을 계획하시는 하나님의 지혜와 이 계획을 성취하시는 하나님의 능력이 있는데 무엇이 더 필요하겠는가? 우리는 모든 피조물 가운데 가장 큰 은혜를 입었다.

> 창조자의 웅장한 모든 계획에서
> 전능과 지혜가 빛나며,
> 그분의 작품들은 놀라운 구조를 통해
> 그분의 영광스러운 이름을 선포합니다.
> ―토마스 블랙락(Thomas Blacklock)

The Omnipotence of God 전능성 : **12**장

하나님은 모든 능력을 다 가지셨다

하늘에 계신 우리 아버지, 당신은 우리에게 "나는 전능한 하나님이라 너는 내 앞에서 행하여 완전하라"고 말씀하십니다창 17:1. 그러나 당신이 크나큰 능력으로 우리에게 힘을 주시지 않으면, 연약하고 죄악된 우리가 어떻게 완전하게 행하겠습니까?

당신께서 그리스도를 죽은 자 가운데서 일으키시고 천상에서 당신의 우편에 앉히신 바로 그 능력의 역사를 붙잡는 법을 우리에게 가르치소서. 아멘.

사도 요한은 환상을 보았을 때 허다한 무리의 음성과도 같고 많은 물소리와도 같고 우주를 뒤흔드는 큰 우렛소리와도 같은 소리를 들었다. 그 소리는 하나님의 주권과 전능성(全能性, omnipotence)을 선포했다. "할렐루야 주 우리 하나님 곧 전능하신 이가 통치하시도다" 계 19:6.

주권과 전능성은 반드시 함께해야 한다. 하나가 없으면 다른 하나도 없다. 통치하려면 하나님은 능력이 있어야 한다. 주권적으로 통치하려면, 하나님은 전능해야 한다. **전능하다**(omnipotent)는 말은 모든 능력을 다 가졌다는 뜻이다. 이 단어는 라틴어에서 왔는데, 앵글로 색슨어에서 온 보다 친숙한 **올마이티**(almighty)라는 단어와 뜻이 같다. 올마이티라는 단어는 영어성경(KJV)에 56회 등장하는데, 하나님 외에는 그 누구에게도 사용하지 않았다. 오직 하나님만이 전능하시다.

하나님은 무한한 능력이 있으며, 절대적인 힘이 있다. 하나님의 계시를 통해 이러한 사실을 안다. 그러나 일단 알면, 이 사실이 이성과 완전히 조화를 이룬다고 인정한다. 하나님의 무한성과 자존성을 인정하고 그와 동시에 그분의 전능성도 안다면, 우리의 이성은 하나님의 전능성 앞에 무릎 꿇고 경배한다.

시편기자는 "권능은 하나님께 속하였다"고 했으며시 62:11, 사도 바울은 자연 자체가 신성의 영원한 능력을 증언한다고 선포한다롬 1:20. 이러한 지식을 토대로 하나님의 전능성을 이렇게 추론할 수 있다. 하나님은 능력이 있다. 하나님은 또한 무한하시기 때문에 그분의 속성은 무엇이든 무한하다. 그러므로 그분의 능력도 무한하다. 하나님은 전능하시다. 더 나아가 자존하신 창조자가 모든 능력의 근원이시며, 근원은 자신에게서 유출되는 그 무엇과도 최소한 동등해야 하는데, 이것도 하나님이 전능하다는 말이다.

하나님은 능력을 자신의 피조물에게 위임하셨으나 자족하시기 때문에 자신의 완전함 가운데 어느 하나도 포기하실 수 없다. 능력도 그 가운데 하나이기 때문에 하나님은 그분의 능력을 티끌만큼도 절대 포기하지 않으셨다. 하나님은 주신다고 해서 비어 없어지지 않으신다. 하나님이 주시는 모든 것은 그분의 것으로 남으며 다시 그분에게로 돌아온다. 하나님은 영원한 자신의 모습 그대로, 전능하신 주 하나님으로 영원히 남으신다.

성경을 읽어 보면 성경에 나오는 사람들의 시각과 현대인들의 시각이 철저히 다르다는 사실을 알 수 있다. 지금 우리는 세속화된 정신 때문에 고통 받는다. 성경 저자들이 하나님을 보았던 곳에서, 우리는 자연의 법을 본다. 그들의 세상은 충만했으나 우리의 세상은 공허하다. 그들의 세상은 살아 있고 인격적이었으나 우리가 사는 세상은 죽었고 비인격적이다. 하나님이 그들의 세상을 다스리셨다. 우리의 세상은 자연의 법이 다스리며, 우리는 늘 하나님 앞을 떠나 있다.

수많은 사람들의 마음에서 하나님을 대신해 버린 이러한 자연의 법이 도대체 무엇인가? 법(law)은 두 가지 의미를 갖는다. 하나는 권위가 강제적으로 부가하는 외적 규범인데, 절도나 강도를 금지하는 공동 규범(common rule)이 여기에 속한다. 우주 만물이 움직이는 일정한 방식을 가리킬 때도 법이라는 단어를 사용한다. 그러나 두번째 용례는 잘못되었다. 우리가 자연에서 보는 것은 하나님의 능력과 지혜가 피조물 사이에서 취하는 길이다. 정확히 말하면, 이것은 법이 아니라 현상이다. 그러나 우리는 이것을 사회의 임의적인 법에 비추어 법이라고 부를 따름이다.

과학은 하나님의 능력이 어떻게 작용하는지 관찰하며, 어디선가 일정한 패턴을 찾아내고 이것을 하나의 '법'(법칙)으로 정한다. 하나님은 그분이 창조하신 세계에서 일정하게 행동하시기 때문에, 과학자가 자연 현상의 과정을 예측할 수 있는 것이다. 모든 과학적 진리는 피조 세계에 깃든 하나님의 창조 섭리를 신뢰하는 것으로부터 비롯된다. 그러므로 모든 과학자는 하나님의 창조섭리를 믿는 믿음 위에 항해, 화학, 농업 그리고 의술 등의 분야에서 유일한 업적을 남길 수 있는 것이다.

반면에 기독교는 하나님의 본성으로 돌아간다. 기독교는 피조 세계를 따라 난 하나님의 발자국에 관심을 두지 않고, 그 길을 걸으시는 분에게 관심을 둔다. 기독교는 일차적으로 만물의 근원이며 모든 현상의 주인이신 분에게 관심을 둔다. 이분에게 철학은 다양한 이름을 붙이는데, 내가 본 가장 무시무시한 이름은 루돌프 오토(Rudolf Otto)가 붙인 "거대하고, 절대로 쉬지 않으며, 활동적인, 세계적 힘을 가진 절대자"다.[21]

그리스도인은 이 '세계적인 힘'(world stress)이 "나는 스스로 있는 자"라고 하셨으며 출 3:14, 가장 위대한 선생께서 제자들에게 "아버지여 이름이 거룩히 여김을 받으시오며" 눅 11:2라고 기도함으로써 그분을 하나의 인격체로 대하라고 하셨다는 사실을 기억하며 기뻐한다. 성경의 사람들은 어디서나 이 '거대한 절대자'와 말이 허락하는 한 인격적으로 교제했으며, 선지자와 성도는 따뜻하고 친밀하며 아주 만족스러운 헌신의 환희 가운데 그분과 동행했다.

전능은 모든 능력의 총합에 붙여진 이름이 아니라 그리스도인들이 우리 주 예수 그리스도의 아버지로 믿는, 영생을 주시는 분으로 확신하는 모든 사람들의 아버지로 믿는 인격적 하나님의 속성이다. 예배자는 이러한 지식이 자신의 내면적 삶에 놀라운 힘을 주는 원천이라는 사실을 발견한다. 그의 믿음은 크게 도약하여, 무엇이든 자신의 뜻대로 하시는 분과 교제하는 데까지 이른다. 하나님은 절대적 능력이 있으므로 그분에게 어렵거나 힘든 일이라고는 없으며, 따라서 자신이 뜻하신 일은 무엇이든 이루실 수 있다.

하나님은 우주의 모든 능력을 마음대로 사용하시기 때문에 무슨 일이든 쉽게 하실 수 있다. 하나님은 절대로 에너지를 다 써 버리고 재충전하지 않으신다. 하나님은 자족하시기 때문에 외부에서 새롭게 힘을 얻으실 필요가 없다. 하나님이 뜻하시는 모든 일을 하는 데 필요한 모든 힘은 무한한 존재이신 그분의 무한한 충만 속에 있다.

장로교 목사 심슨(A. B. Simpson)은 중년에 접어들면서 건강을 잃어 낙망하여 목회를 그만두려다가 우연히 어떤 흑인 영가를 들었다.

예수님에게 너무 어려운 일이란 없네

누구도 그분처럼 일하지 못하네.

영가의 메시지는 그의 마음에 화살처럼 꽂혀 그의 믿음과 소망을 되살렸으며, 그의 몸과 영혼에 생명을 불어넣었다. 그는 조용히 쉴 곳을 찾아 홀로 하나님과 한 철을 보낸 후 완전히 치유되어 충만한 기쁨을 안고 그곳을 떠나 세계에서 가장 큰 해외 선교회 가운데 하나를 만들었다. 이렇게 하나님을 만난 후 35년 동안, 그는 그리스도를 섬기는 일에 진력했으며, 하나님의 무한한 능력에 대한 믿음에서 자신에게 필요한 모든 힘을 얻었다.

전능하신 이여! 내가 티끌 가운데 당신 앞에 엎드리니
얼굴을 가린 많은 이들도 엎드립니다.
무한히 지혜롭고 어디에나 계신 친구여,
내가 잠잠히 고요하게 당신을 경배합니다.

당신은 땅을 에메랄드 빛으로 입히시며
때로는 눈으로 덮으십니다.
하늘에 빛나는 태양과 부드러운 달이
당신 앞에 절합니다.
—존 보우링 경(Sir John Bowring)

The Divine Transcendence 초월성 : **13**장

하나님은 모든 존재 너머에 계신다

하나님! 위로 하늘이나 아래로 땅에도 당신 같은 분은 없습니다. 당신은 위대하며, 존엄하며, 위엄하십니다. 하늘과 땅의 만물이 당신의 것입니다. 하나님, 나라와 권세와 영원히 당신의 것이며, 당신은 만유 위에 머리로 높이 계십니다. 아멘.

하나님이 초월성(超越性, transcendence)이란 말은 하나님은 피조된 우주보다 훨씬 위에 계시며, 너무나 위에 계시기 때문에 인간으로서는 상상조차 못한다는 뜻이다.

그러나 하나님의 초월성을 정확히 이해하려면, 여기서 '훨씬 위에'(far above)라는 말은 땅 위의 물리적 거리가 아닌 존재의 질을 말한다는 점을 명심해야 한다. 우리는 공간적 위치나 단순한 고도(高度)가 아니라 생명에 관심이 있기 때문이다.

하나님은 영이시므로 하나님에게 크기와 거리는 아무 의미가 없다. 크기와 거리는 제한된 우리의 이해력에 맞춰 말씀하실 때 사용하실 뿐이다. 이사야서에서, "지존무상하며 영원히 거하시며 거룩하다 이름하는 자"께서 "내가 높고 거룩한 곳에 거하며"라고 말씀하신다사 57:15. 이 말씀을 보면 분명한 고도감(高度感)이 느껴진다. 그러나 이것은 물질과 공간과 시간 속에 사는 우리가 물질적 견지에서 생각하는 경향이 있으며, 물질적 사물로 설명될 때만 추상적 개념을 이해할 수 있기 때문이다. 자연 세계의 압제로부터 자유로우려면, 인간의 마음은 성령께서 우리를 가르치려고 사용하시는 언어를 상향적으로 해석하는 법을 배워야 한다.

영은 물질에 의미를 준다. 따라서 영이 없으면, 그 무엇도 결국에는 아무 가치도 없다. 어린아이가 산에서 대열을 이탈하여 길을 잃으면, 나머지 사람들 모두 초점의 대상이 바뀐다. 자연의 웅장함에 대한 황홀한 찬사는 잃어버린 아이로 인한 깊은 걱정으로 바뀐다. 모든 사람들이 흩어져 아이 이름을 부르면서 아이가 있을 만한 곳을 구석구석 뒤진다.

왜 이처럼 갑작스런 변화가 일어났는가? 나무로 뒤덮인 산은 여전히 구름 위로 그 자리에 솟아 있고, 숨이 멎을 듯한 아름다움을 뿜낸다. 그러나 이제는 아무도 여기에 주목하지 않는다. 모두 두 돌이 채 안 되었고 몸무게가 15킬로그램이 채 안 되는 곱슬머리 여자 아이를 찾는 데 신경을 집중한다. 너무 어리고 너무 작지만, 그 아이는 부모와 친구들에게 방금 전까지 감탄을 연발했던 거대하고 유구한 세월을 견딘 산보다 훨씬 더 귀하다. 모든 이가 이 어린 소녀는 사랑하고 웃고 말하고 기도할 수 있지만 산은 그러지 못하다는 데 동의한다. 아이의 가치는 그의 존재의 질이 결정한다.

방금 산을 아이와 비교했지만, 하나님의 존재는 다른 어떤 존재와 비교해서는 안 된다. 하나님을 존재의 차원에서 가장 높은 차원에서 존재하는 분이라고 생각해서는 안 된다. 단세포 생물에서, 어류와 조류와 포유류와 인간과 천사와 그룹(cherub)을 거쳐 하나님에 이르는 식으로 하나님을 생각해서는 안 된다. 이런 생각은 하나님의 높으심을, 놀랍도록 높으심까지도 인정하지만, 이것으로는 충분하지 못하다. 가장 완전한 의미에서 하나님의 초월성을 인정해야 한다. 영원히 하나님은 따로 계시며, 접근이 불가능한 빛 가운데 계신다. 하나님은 벌레보다 위에 계신 만큼 천사장보다 위에 계신다. 왜냐하면 천사장과 벌레 사이의 간격은 유한하지만, 하나님과 천사장 사이의 간격은 무한하기 때문이다. 벌레와 천사장은 피조물의 계층에서는 서로 너무나 멀지만 그럼에도 피조되었다는 점에서는 같다. 둘 모두 하나님이 아닌 것(that-which-is-not-God)의 범주에 속하며, 무한한 존재이신 하나님과 구별된다.

말을 삼가고 충동을 억눌러야 한다는 생각이 하나님에 대해 말하고 싶은 생각과 끊임없이 싸운다.

> 어떻게 부패한 존재가
> 당신의 영광이나 은혜를 노래하리이까?
> 당신의 발 밑 까마득한 곳에서
> 우리는 당신의 얼굴의 그림자만 보나이다.
> ─아이삭 왓츠(Isaac Watts)

그런데도 하나님을 찾는 것은 하나님을 알고 또 그분을 알리려는 우리의 보잘것없는 노력까지도 그분이 기뻐하시기 때문이다.

만약 불의 바다에서 수세기를 기쁘게 보낸 파수꾼이나 거룩한 자가 이 땅에 온다면, 쉴 새 없이 재잘거리는 인간들의 모습이 너무나 무의미해 보일 것이다. 매주 보통의 강단에서 들리는 무미하고 진부하고 무익한 말이 그에게는 너무나 이상하고 공허하게 들릴 것이다. 이런 존재라면 이 땅에서 하나님을 말하지 않겠는가? 하나님에 대한 열정적 묘사로 청중을 매료시키지 않겠는가? 그의 말을 들은 후에도 그보다 못한 신학에, 신론(神論)에 다시 귀를 기울이려 하겠는가? 우리를 가르치려 드는 사람들에게 하나님의 환상의 산에서 말하든가 아니면, 완전히 침묵하라고 요구하지 않겠는가?

시편기자는 악인의 죄악을 보았을 때, 속으로 어떻게 이럴 수 있느냐고 물었다. 시편기자는 "그[악인] 목전에는 하나님을 두려워함이 없다"고 말하면서시 36:1, 죄의 심리학을 보여 주었다. 더 이상 하나님을 두려워하지 않을 때, 인간은 주저 없이 하나님의 법을 어긴다. 하나님에 대한 두려움이 사라지면 결과에 대한 두려움도 사라진다.

옛날 믿음의 사람들은 "하나님을 경외함에 행" 했으며느 5:9 "여호와를 경외함으로 섬" 겼다시 2:11. 이들과 하나님의 교제가 아무리 친밀하더라도, 이들의 기도가 아무리 담대하더라도, 이들의 종교 생활 밑바탕에는 하나님이 두렵고 무서운 존재라는 개념이 깔려 있었다. 이러한 하나님의 초월성에 대한 개념이 성경 전체에 흐르며, 성도들의 특징을 부각시킨다. 하나님에 대한 이러한 경외심은 위험에 대한 자연적인 불안감 그 이상의 의미가 있다. 이것은 이성으로는 설명되지 않는 외경심(畏敬心)이며, 전능하신 하나님 앞에서 자신의 부족함을 깊이 자각하는 것이다.

성경에서 하나님이 인간에게 나타나실 때마다 결과는 똑같았다. 인간은 엄청난 두려움과 당혹감에 휩싸였으며, 자신의 죄악과 죄에 대한 책임을 뼈저리게 느꼈다. 하나님이 말씀하실 때, 아브람은 바닥에 엎드린 채 들었다. 모세는 떨기나무 불꽃 가운데서 하나님을 보았을 때, 하나님을 보기가 두려워 얼굴을 가렸다. 이사야는 하나님의 환상을 본 후 "화로다 나여 망하게 되었도다"라고 외쳤으며, "나는 입술이 부정한 사람이요"라고 고백했다사 6:5.

다니엘과 하나님의 만남이 그 가운데 가장 두렵고 놀라웠을 것이다. 다니엘 선지자는 눈을 들어 "그 몸은 황옥 같고 그 얼굴은 번갯빛 같고 그 눈은 횃불 같고 그 팔과 발은 빛난 놋과 같고 그 말소리는 무리의 소리와 같"은 분을 보았다단 10:6. 나중에 그는 이렇게 썼다. "이 이상은 나 다니엘이 홀로 보았고, 나와 함께한 사람들은 이 이상은 보지 못하였어도, 그들이 크게 떨며 도망하여 숨었었느니라. 그러므로 나만 홀로 있어서 이 큰 이상을 볼 때에 내 몸에 힘이 빠졌고, 나의 아름다운 빛이 변하여 썩은 듯하였고, 나의 힘이 다 없어졌으나, 내가 그 말소리를 들었는데, 그 말소리를 들을 때에 내가 얼굴을 땅에 대고 깊이 잠들었었느니라"단 10:7-9.

이러한 체험을 통해 하나님의 초월성에 관한 이상이 인간과 그의 하나님 간의 모든 논쟁을 끝낼 수 있었다. 인간은 전의를 상실하고, 정복당한 사울처럼 유순하게 물을 자세가 되어 있다. "주여, 내가 어떻게 하기를 원하시나이까?"행 9:6, KJV. 거꾸로 현대 그리스도인들의 자기 신뢰, 수많은 종교 집회에서 나타나는 초보적 경솔함, 하나님에 대한 충격적인 불경(不敬)은 마음의 눈이 심하게 어두워졌다는 확실한 증거다. 많은 사람들이 스스로를 그리스도인이라고 부르며, 하나님에 관해 많이 말하며, 때로 하나님께 기도하지만, 하나님이 누구신지는 모른다. "여호와를 경외하는 것은 생명의 샘"이다 잠 14:27. 그러나 이러한 치유하는 두려움을 오늘날 그리스도인들 가운데서 찾아보기가 어렵다.

언젠가 시인 괴테(Goethe)는 에커만(Johann Peter Eckermann, 1792-1854)과 종교에 관한 대화를 나누는 중에 하나님의 이름이 남용되는 현실에 관해 말했다. "사람들은 마치 우리가 이해할 수 없는 가장 높은 존재, 사고를 초월하기까지 하는 존재가 자신들과 동등한 양 신의 이름을 다룬다네. 그게 아니라면 '주 하나님(Lord God), 사랑하는 하나님(dear God), 선하신 하나님(good God)'이라고 말하지 않을걸세. 이러한 표현은 이들에게, 특히 이런 표현을 매일 입에 달고 사는 성직자들에게 단순히 하나의 어구요, 메마른 이름일 뿐이며, 여기에는 그 어떤 생각도 담겨 있지 않다네. 이들이 하나님의 위대하심에 감동을 받았다면 입을 다물고, 경외하는 마음에서 그분의 이름을 부르려 하지 않을걸세."[22]

> 아득히 높은 보좌에 앉으신 만유의 주님,
> 당신의 영광이 해와 별에서 빛납니다.
> 모든 천체의 중심이며 핵심이지만
> 사랑하는 모든 마음에 너무나 가까우시도다.
>
> 아래로, 위로, 모든 생명의 주님,

당신의 빛은 진리요,

당신의 온기는 사랑이며,

영원히 빛나는 당신의 보좌 앞에서

우리는 자신의 빛을 구하지 않습니다.

―올리버 웬델 홈즈(Oliver Wendell Holmes)

God's Omnipresence 편재성 : **14**장

하나님은 여기, 그리고 모든 곳에 계신다

우리 아버지여, 당신이 우리와 함께하심을 알지만 우리의 지식은 진리의 그림자일 뿐이어서 이런 지식에 당연히 있어야 하는 영적 향기와 내적인 달콤함이 없습니다. 이것은 우리에게 큰 손실이며, 마음이 많이 연약한 이유입니다. 우리가 "주의 임재 안에 충만한 기쁨이 있나이다"시 16:11라는 말씀의 진정한 의미를 체험할 만큼 삶을 바꾸도록 도와주소서. 아멘.

재(在, present)라는 말은 여기, 가까이, 바로 옆에라는 뜻이며, 편(遍, omni)이라는 접두어는 보편성을 의미한다. 하나님은 여기 모든 곳에, 만물 가까이에, 만물 바로 옆에 계신다.

성경이 하나님의 편재성(遍在性, omnipresence)만큼 분명하게 가르치는 진리도 드물다. 이 진리를 뒷받침하는 구절들은 도저히 오해할 수 없을 만큼 분명하다. 이 구절들은 하나님이 그분의 창조세계에 내재하시며, 하늘이나 땅이나 지옥 어디에도 인간이 그분을 피해 숨을 곳이 없다고 선언한다. 이것들은 하나님이 먼 동시에 가까우며, 인간은 그분 안에서 움직이고, 살고, 존재한다고 가르친다. 그와 마찬가지로 설득력이 있는 건, 성경 어디를 보더라도 성경이 하나님에 대해 가르치는 다른 사실들을 설명하려면 하나님은 편재하신다는 사실을 믿어야 한다는 점이다.

예컨대 성경은 하나님이 무한하다고 가르친다. 하나님의 존재는 한계를 모른다는 뜻이다. 그러므로 하나님의 임재에도 한계가 없다. 하나님은 편재하신다. 무한하신 하나님은 유한한 창조 세계를 두르고 품으신다. 하나님을 넘어서는 그 무엇도 존재할 수 없다. 바다가 물고기의 환경이며, 하늘이 새들의 환경이듯이, 하나님은 우리의 환경이다.

힐델베르트(Hildelbert of Lavardin, 12세기 초 라베르딘의 대주교)는 이렇게 말했다. "하나님은 만물 위에 계시며, 만물 아래 계시며, 만물 밖에 계신다. 만물 안에 계시지만 갇히지 않으시며, 밖에 계시지만 제외

되지 않으시며, 위에 계시지만 높아지지 않으시며, 아래 계시지만 눌리지 않으신다. 완전히 위에 계셔서 다스리시며, 완전히 아래 계셔서 지탱하시며, 완전히 안에 계셔서 채우신다."[23]

하나님이 그분의 우주 안에 계신다는 믿음을 그 자체만 따로 떼어 낼 수는 없다. 이 믿음은 신학 사상의 많은 부분에 실제적으로 암시되어 있다. 예를 들면 세상의 본질과 같은 문제와 직접적으로 관련이 있다. 거의 모든 세대, 모든 문화권에서 생각이 있는 사람들이라면, 이 세상이 어떤 세상인지 생각해 보았을 것이다. 혼자 굴러가는 물질적 세상인가? 아니면 보이지 않는 힘에 의해 돌아가는 영적 세상인가? 이러한 연동 장치가 스스로를 설명하는가? 아니면 그 비밀이 미스터리에 싸여 있는가? 존재의 물길은 스스로에게서 시작되고 끝나는가? 아니면 그 근원은 더 높이 더 멀리까지 거슬러 올라가는가?

기독교 신학은 이러한 질문들에 대한 해답을 안다고 명확히 주장한다. 기독교 신학은 추측하거나 자신들의 의견을 제시하지 않고, "주의 말씀이 이러하니라"를 권위로 제시한다. 기독교 신학은 세상이 영적이며, 세상은 영에서 기원했으며, 영에서 흘러나오며, 본질상 영적이며, 따라서 그 안에 거하시는 성령을 떠나서는 의미가 없다고 강하게 선언한다.

하나님의 편재성 교리는 인간과 우주의 관계를 의인화한다. 크고 중심적인 이 진리는 다른 모든 진리에 의미를 주며, 인간의 보잘 것 없는 삶에 최고의 가치를 부여한다. 하나님은 그의 곁에, 바로 옆에 계시며, 이 하나님이 그를 속속들이 보며 또 아신다. 여기서 믿음이 시작된다. 그리고 믿음은 이외에도 수없이 많은 놀라운 진리를 포함하겠지만 이 모든 진리는 하나님이 계시며, 하나님이 여기 계신다는 진리로 되돌아간다.

히브리서는 "하나님께 나아가는 자는 반드시 그가 계신 것과 또한 그가 자기를 찾는 자들에게 상 주시는 이심을 믿어야 할지니라"고 말한다히 11:6. 그리고 그리스도께서는 친히 "하나님을 믿으니 또 나를 믿으라"고 말씀하셨다요 14:1. 하나님을 믿는 기본적 믿음에 어떠한 "또"가 추가되더라도 그것은 상부 구조이며, 아무리 높이 올라가더라도 여전히 본래 기초 위에 견고하게 선다.

신약은 하나님이 로고스, 즉 말씀으로 세상을 창조하셨으며, 그 말씀은 인간의 본성을 입고 성육하기도 전에 세상에 계셨던 삼위일체의 제2위(the second Person)라고 가르친다. 태초에 말씀이 만물을 창조하셨고, 자신의 창조세계 속에 계셔서 그 세계를 지탱하고 유지하시며, 그와 동시에 모든 사람이 선악을 구분하게 해 주는 도덕적 빛으로 계신다. 우주는 하나의 질서정연한 체계로 움직이며, 비인격적인 법칙이 아니라 내재하며 보편적인 존재(universal Presence, 어디나 임재해 계시는 분)이신 로고스의 창조적 음성에 의해 움직인다.

인도의 캐논 홈즈(Canon W. G. H. Holmes)는 힌두교 신자들이 나무와 돌을 두드리면서 거기에 있기를 바라는 신에게 "계십니까? 계세요?"라고 속삭이는 모습에 대해 말했다. 가르침을 받은 그리스도인은 겸손하게 이 물음에 답한다.

하나님은 참으로 거기 계신다. 하나님은 모든 곳에 계시듯이 거기에도 계시며, 나무나 돌에 제한되지 않으시고, 우주 안에 자유롭게, 모든 것에 가까이, 모두의 바로 옆에 계시며, 따라서 그분을 사랑하는 마음은 예수 그리스도를 통해 즉시 그분께 다가갈 수 있다. 하나님의 편재성 교리가 이것을 결정한다.

이 진리는 그리스도인에게 슬픔 중에 깊은 위로를 주며, 삶의 온갖 경험 중에도 흔들리지 않는 확신을 준다. 그에게 "하나님의 임재 연습"은 마음으로 상상하던 존재를 확인하기 위한 것이 아니다. 오히려 모든 신학이 이미 거기 계시다고 선언하는 분, 객관적 실체이며 자신에 대한 피조물의 이해와는 무관하게 존재하시는 분의 실제적 임재를 보는 것이다. 그 결과로 나타나는 체험은 허상이 아니라 실재다.

하나님은 언제나 우리 가까이 계시며, 그분의 세계 어디에나 계시며, 우리 생각보다 더 가까이 계신다. 이러한 확신이 있다면, 도덕적인 잘못을 절대 저지르지 못할 것이다. 그러나 항상 그러지는 못한다. 모든 신자에게 언제나 기쁘기만 할 것이라고 희년(禧年)을 약속하는 것은 정직하지 못하며, 이렇게 기대하는 것도 현실적이지 못하다.

아이가 엄마 품에서라도 아파 울기도 하듯이, 그리스도인도 하나님의 임재를 의식하면서도 때로는 고통을 느낀다. 바울은 "항상 기뻐했지만" 때로는 슬프다는 사실을 인정했으며, 그리스도께서는 한 번도 아버지 품을 떠나신 적이 없음에도 우리를 위해 깊은 울음과 눈물을 맛보셨다요 1:18.

그러나 모든 게 잘될 것이다. 이 세상에서 눈물은 치료 효과가 있다. 치명적 상황에 이르기 전에 우리를 안으시는 분의 옷자락에서 떨어지는 치유의 향유가 우리의 상처를 치유한다. 절대 혼자가 아니라는 사실을 깨닫는 순간, 삶의 흉흉한 바다가 잔잔해지며 영혼에 평안이 깃든다.

하나님이 여기 계신다고 성경이 외치며 이성이 외친다. 이제 생각하는 대로 현실에 적용하기만 하면 된다. 알렌 플리스(Allen Fleece)의 편지 가운데 한 구절이다. "하나님이 계신다는 사실을 아는 일도 복되지만, 그분의 임재를 느끼는 일이야말로 진정한 행복입니다."

하나님이 그분의 임재를 드러내시니
우리 그분을 경배하며,
경외함으로 그분께 나아가자.

그분만이 우리의 하나님이시며
그분만이 우리 주, 우리 구원자시니
그분의 이름을 영원히 찬양하자.

하나님이 친히 우리와 함께하시며,
하늘의 천군 천사들이

경외함으로 그분을 섬기네.

─게르하르트 테르슈테겐

the Holy

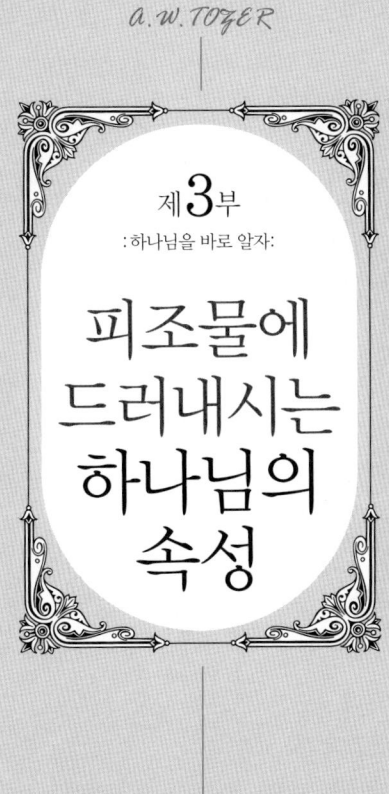

하나님이 신실하시기에 소망이 있다 | 하나님은 자기 백성의 행복을 기뻐하신다 | 공의가 없는 선은 선이 아니다 | 자비는 죄에 맞서는 하나님의 선하심이다 | 하나님은 자격 없는 자에게 호의를 베푸신다 | 사랑은 하나님께 속해 있다 | 거룩한 존재는 하나님 한 분뿐이다 | 하나님의 주권 아래 자유를 누린다

15장 : 신실하심 The Faithfulness of God

하나님이
신실하시기에
소망이 있다

지존하신 하나님, 당신께 감사하고 당신의 이름을 찬양함이 좋으며, 아침에 당신의 인자를 나타내고 밤에 당신의 신실하심을 드러냄이 좋습니다. 당신의 아들이 세상에 계실 때 하늘에 계신 아버지이신 당신께 충성하셨듯이 이제 하늘에서 이 땅의 형제인 우리에게 신실하십니다. 이것을 알기에 우리는 다가올 모든 해와 시대를 향한 확신에 찬 소망을 안고 나아갑니다. 아멘.

앞에서 강조했듯이, 하나님의 속성들은 그분의 성품을 구성하는 개별적 특성이 아니라 그분의 단일적 존재(unitary being)의 여러 면이다. 하나님의 속성은 사물 자체가 아니라, 오히려 우리가 하나님에 대해 갖는 생각들이다. 또한 완전한 전체의 측면들이며, 하나님께 해당하는 것이라고 우리가 아는 모든 것에 주어지는 이름들이다.

하나님의 속성들을 바로 이해하려면 그 속성들을 하나로 보아야 한다. 하나님의 속성들을 개별적으로 생각할 수는 있지만 하나씩 분리하지는 못한다. 쿠사의 니콜라스는 이렇게 말한다. "우리는 시각, 청각, 미각, 후각, 촉각, 감각, 이성, 지성 등 각 단어의 다양한 의미를 하나님께 돌린다. 그렇더라도 하나님의 모든 속성은 실제로 다르지 않다. 하나님에게는 시각이 청각이나 미각이나 후각이나 촉각이나 느낌이나 이해와 다르지 않다. 그러므로 모든 신학은 원의 형태로 구축된다. 왜냐하면 하나님의 모든 속성은 다른 속성들을 확인시켜주기 때문이다."[24]

어느 속성을 연구하든, 모든 속성이 본질적으로 하나라는 사실이 곧 분명해진다. 예를 들어 하나님이 자존하시다면 반드시 자족하시기도 해야 한다는 점을 알며, 하나님이 능력이 있고 무한하시다면 전능하시기도 해야 한다는 점을 안다. 하나님이 지식이 있다면, 그분은 무한하시므로 모든 것을 아신다.

이와 비슷하게, 하나님의 불변성은 그분의 신실하심을 전제한다. 하나님이 변하지 않으신다면, 당연히 신실하지 않으실 수 없다. 왜냐하면 하나님이 신실하지 않으려면 변하셔야 하기 때문이다. 하나님의 성품에서 조금이라도 부족함이 있다면 불완전을 의미하는데, 하나님은 완전하시기 때문에 이런 일은 불가능하다. 그러므로 하나님의 속성들은 서로를 설명해주며, 그분의 속성들은 지성이 절대적으로 완전한 신성에 대해 이해하는 일부분에 불과하다.

하나님의 모든 행동은 그분의 모든 속성과 일치한다. 하나님의 모든 속성은 서로 전혀 충돌하지 않으며, 신성의 무한한 심연 속에서 서로 조화를 이루며 섞인다. 하나님이 하시는 모든 일은 하나님의 모든 존재와 일치하며, 하나님에게는 존재와 행동이 하나다.

흔히 하나님의 공의와 하나님의 자비가 충돌한다고 보는데, 이런 시각은 전혀 잘못된 생각이며 사실이 아니다. 하나님이 그분의 속성 가운데 먼저 한 쪽으로 치우치고, 그 다음에는 다른 쪽으로 치우친다고 생각한다면, 자신을 확신하지 못하고 우왕좌왕하며 정서적으로 불안정한 하나님을 상상하는 것이다. 물론 이런 하나님은 전혀 참 하나님이 아니며, 그분에 대한 초점을 심하게 빗나갔으며 연약한 정신적 투영일 뿐이다.

하나님은 한순간도 자신이 아니지 못하시며, 늘 자기 자신이기 때문에 자신의 성품과 맞지 않는 행동을 하지 못하신다. 하나님은 신실하신 동시에 불변하시며, 그러므로 그분의 모든 말씀과 행위는 늘 신실해야 한다.

인간은 욕망이나 두려움이나 연약함이나 흥미 상실이나 외부의 강한 영향 때문에 신실하지 못하다. 그러나 이러한 세력 가운데 어느 하나도 하나님에게 어떤 식으로든 영향을 미치지 못한다. 하나님의 존재와 행위의 모든 이유는 그분에게 있다. 하나님은 외부로부터 강요받지 않으시며, 언제나 자신을 기쁘게 하는 자신의 주권적 의지에 따라 스스로 말씀하고 행동하신다.

기독교 역사에서 교회를 괴롭힌 거의 모든 이단은, 하나님에 관해 진실이 아닌 것을 믿거나 특정한 진리를 지나치게 강조한 데서 일어났다. 다른 속성을 배제할 만큼 한 속성을 강조하면, 신학의 비참한 늪에 빠지고 만다. 우리 역시 이 같은 유혹을 끊임없이 받는다.

예를 들면, 성경은 하나님이 사랑이라고 가르친다. 그런데 어떤 사람들은 사랑을 내세우면서 하나님이 공의(公義)롭다는 사실을 부정하는 데 사용한다. 어떤 사람들은 성경이 말하는 하나님의 선하심에 대한 교리를 지나치게 강조하여 하나님의 거룩하심과 충돌하게 만들어 버린다. 또는 하나님의 긍휼을 내세워 하나님의 진리를 제거해 버린다. 또 어떤 사람들은 하나님의 주권을 하나님의 선하심과 사랑을 파괴하거나 최소한 크게 축소해서 이해한다.

하나님이 자신에 관해 말씀하신 전부를 믿을 때만 진리에 대한 정확한 시각을 유지할 수 있다. 한 사람이 하나님의 자기 계시로부터 자신이 무지해서 반대할 수 있어 보이는 성품들을 제거하려 한다면 막중한 책임을 면하기 어렵다. 우리 가운데 누구라도 이런 짓을 할 위험이 있다. 진리를 기록된 대로 받아들이길 두려워하지 말라. 하나님의 속성들은 서로 충돌하지 않는다. 하나님은 한 분이다. 하나님은 자신을 나누지 못하시며, 나머지 속성들은 가만히 두고 하나의 속성만으로 행동하지도 못하신다. 하나님의 모든 존재는 하나님의 모든 행위와 일치한다. 공의가 자비 속에 있어야 하며, 사랑이 심판 속에 있어야 한다. 하나님의 모든 속성도 마찬가지다.

하나님의 신실하심은 건전한 신학의 논거이지만 믿는 자에게는 그보다 훨씬 큰 의미가 있다. 하나님의 신실하심은 이해의 과정을 지나 영혼을 위한 양식이 된다. 성경이 진리를 가르칠 뿐 아니라 진리가 인간에게 어떻게 사용되는지도 보여 주기 때문이다.

영감된 성경 저자들은 우리와 성정(性情)이 같은 사람이었으며 우리 가운데 살았다. 이들이 하나님에 관해 배운 내용은 이들에게 칼과 방패와 망치가 되었으며, 삶의 동기가 되었고, 선한 소망이 되었고, 확신에 찬 기대가 되었다.

시편은 하나님의 신실하심에 대한 즐거운 감사로 넘친다. 신약은 이 주제를 통해 성부 하나님의 신실하심과 본디오 빌라도 앞에서 선한 고백을 하신 성자 예수 그리스도의 신실함을 기린다. 그리고 요한계시록에서, 그리스도를 백마를 타고 승리를 향해 나아가는 모습으로 묘사하는데, 그분의 이름은 충신과 진실이다계 19:11.

기독교의 찬양도 하나님의 속성을 노래하고 기리는데, 하나님의 신실하심도 그 가운데 하나다. 찬송집에서 하나님의 속성은 즐거운 멜로디가 흘러나오는 샘이 된다. 몇몇 옛 찬송집에는 제목이 없는 찬송가들이 있는데, 각 찬송의 위쪽에 있는 이탤릭체로 된 줄이 주제를 말해 주며, 예배하는 마음은 이 구절을 보고 기쁨을 감추지 못한다. "찬송받을 하나님의 영광스러운 완전하심." "지혜와 위엄과 선하심." "전지하심." "전능하심과 불변하심." "영광과 자비와 은혜." 이것들은 1894년에 출판된 찬송집의 몇몇 예에 불과하다.

그러나 기독교 찬송가에 익숙한 사람들은 누구라도 거룩한 노래의 물결의 근원을 찾으려면 교회가 생겨난 초기로 거슬러 올라가야 한다는 사실을 안다. 하나님의 완전성에 대한 믿음은 처음부터 믿는 사람들에게 감미로운 확신을 주었으며, 모든 세대에 걸쳐 하나님의 완전성을 노래하도록 가르쳤다.

우리가 미래에 축복 받으리라 소망할 수 있는 것은 하나님의 신실하심 덕분이다. 하나님이 신실하셔야만 그분의 언약이 서며 그분의 약속이 지켜진다. 하나님의 신실하심을 완전히 확신해야만 평안히 살며, 다가오는 삶을 확신을 갖고 고대할 수 있다.

모든 사람은 이 진리를 나름대로 적용할 수 있으며, 이 진리가 암시하는 결론을 도출하며 자신의 필요에 초점을 맞출 수 있다. 유혹받는 자들, 염려하는 자들, 두려워하는 자들, 낙담한 자들이 하늘에 계신 우리 아버지는 신실하다는 사실에 새로운 소망을 발견하고 용기를 얻을 수 있다. 강하게 억눌린 언약의 자녀들은 그분이 절대로 자신들에게서 인자를 거두지 않으시며, 신실하심을 잃지도 않으시리라고 확신할 수 있다.

이스라엘의 하나님께 소망을 두는 자

복이 있도다.

그분이 하늘과 땅과 바다와

그 속의 모든 것을 지으셨도다.

그분의 진리 영원히 변하지 않도다.

눌린 자를 구하시고,

가난한 자를 먹이시니,

누가 보아도 그분의 약속 헛되지 않도다.

―아이삭 왓츠

The Goodness of God 선하심 : **16**장

하나님은 자기 백성의 행복을 기뻐하신다

하나님, 당신의 선하신 기쁨으로 우리에게 선을 베푸소서. 우리에게 합당한 대로 행하지 마시고 당신에게 합당한 대로 행하소서. 당신은 하나님이십니다. 그러므로 우리는 이 세상이나 오는 세상에서도 두려워할 게 없습니다. 아멘.

선하다(good)라는 단어는 너무나 많은 사람에게 너무나 다양한 의미로 쓰인다. 그러므로 하나님의 선하심을 살펴보기에 앞서 먼저 이 단어를 정의해야 한다. 이 단어의 의미를 파악하기 위해서는 몇몇 동의어를 사용해야 한다. 같은 장소에서 출발해 각기 다른 길을 거쳐 동일한 장소에 돌아오는 방법이라고 할 수 있다.

기독교 신학에서 말하는 '하나님은 선하시다' 는 말은, 하나님이 의로우시거나 거룩하시다는 말과는 다르다. 하나님의 거룩은 하늘에서 울려나오며, 하나님이 인간에게 자신을 계시하는 모든 곳에서 성도들과 현인들에 의해 땅에 울려 퍼진다. 그러나 지금 우리는 하나님의 거룩이 아니라 하나님의 선하심을 생각하고 있는데, 하나님의 선하심은 그분의 거룩과는 상당히 다르다.

하나님은 선하시기 때문에 인간을 향해 친절하고 따뜻하고 자애하시며 선한 의지로 가득하시다. 하나님은 마음이 따뜻하고 빠르게 공감하시며, 모든 도덕적 존재에 대한 하나님의 신실한 태도는 열려 있고, 솔직하며, 우호적이다. 본성적으로 하나님은 복을 주려 하시며, 그분의 백성이 행복을 느낄 때 거룩한 즐거움을 얻으신다.

하나님이 선하시다는 사실은 성경이 페이지마다 가르치고 또 암시하기 때문에 하나님의 보좌만큼 확고부동한 믿음의 항목이 되어야 한다. 하나님의 선하심은 하나님에 관한 모든 견고한 생각의 초석이며, 도덕적 건전성을 유지하는 데 반드시 필요하다. 하나님이 선하시지 않을 가능성을 허용한다면, 이것은 모든 사고의 정당성을 부정하는 행위이며, 결국 모든 도덕적 판단을 부정하게 된다. 하나님이 선하시지 않다면, 친절과 잔인함이 아무 차이도 없으며, 천국이 지옥일 수 있고 지옥이 천국일 수 있다.

하나님이 매일 우리에게 복을 내리시는 이유는 선하시기 때문이다. 하나님이 우리를 창조하신 이유는 이것이 그분의 마음에 좋으셨기 때문이며, 우리를 구속하신 이유도 똑같다.

600여 년 전에 살았던 노르위치의 줄리앙은 모든 복의 토대는 하나님의 선하심이라는 사실을 분명히 깨달았다. 그녀가 쓴 믿기 어려울 만큼 아름답고 통찰력이 깊은 얇은 고전 「하나님의 사랑의 계시」(Revelation of Divine Love)에서 6장을 이렇게 시작한다. "이 계시는 우리의 영혼이 하나님의 선하심을 지혜롭게 붙들도록 가르치기 위해 주어졌다."

그런 후, 줄리앙은 하나님이 우리를 위해 행하신 놀라운 일을 몇 가지 열거하면서 각각의 끝에 "그분의 선하심의"라고 덧붙인다. 줄리앙은 우리의 모든 종교적 행위와 모든 은혜의 수단이 제아무리 의롭고 유용하더라도 우리가 값이 없고 자발적인 하나님의 선하심이 그분이 하시는 모든 행위의 배경이자 토대라는 사실을 이해하기 전까지는 아무것도 아님을 깨달았다.

하나님의 선하심은 그분의 속성 가운데 하나로 자기원인적이며, 무한하며, 완전하며, 영원하다. 하나님은 불변하시므로 그분의 인자함의 강도는 절대로 변하지 않는다. 하나님은 절대로 지금보다 더 친절하신 적이 없으며 덜 친절하시지도 않으실 것이다. 하나님은 사람을 차별하지 않으시며, 선한 사람뿐 아니라 악인에게도 해를 비추시며, 의로운 사람뿐 아니라 불의한 사람에게도 비를 내리신다. 하나님의 선하심을 받는 모든 사람들은 아무 공로나 대가 없이 받는다.

우리의 이성이 이것에 동의하고 또 스스로를 아는 도덕적 지혜가 가장 순수하고 훌륭한 행위라 할지라도 인간의 행동에는 아무 공로도 없음을 쉽게 인정한다. 우리가 기대를 품는 것은 하나님의 선하심이 있기 때문이다. 회개는 반드시 필요하지만 공로가 되지는 못하며, 하나님이 그분의 선하심을 좇아 주시는 은혜로운 용서의 선물을 받는 조건일 뿐이다.

기도 자체도 공로가 아니다. 기도가 하나님에게 의무나 빚을 지우지는 않는다. 하나님이 기도를 들으시는 이유는 선하시기 때문이며, 다른 이유는 전혀 없다. 믿음도 공로가 아니다. 믿음은 하나님의 선하심에 대한 확신일 뿐이며, 믿음이 없는 것은 하나님의 거룩한 성품을 생각하지 않는 것이다.

우리가 우호적인 하늘 아래 살고 있다는 것과, 하늘의 하나님이 능력과 위엄이 높으시지만 우리와 친구가 되길 간절히 원하신다는 사실을 믿을 수 있다면, 인류의 시각이 달라질 것이다.

그러나 죄가 우리를 소심하고 두려워하게 만든다. 오랫동안 하나님을 거역하는 사이 우리 속에 하루아침에 극복하기 힘든 두려움이 자리를 잡은 것이다. 붙잡힌 거역자는 자신이 그렇게도 오랫동안 싸

웠으나 쓰러뜨리지 못한 왕 앞에 제 발로 나아가려 하지 않는다. 그러나 그가 진정으로 회개한다면, 주님의 인자만을 믿고 그분 앞에 나오게 되며, 과거에 얽매이지 않을 것이다. 마이스터 에크하르트(Meister Eckhart)는 '우리의 죄가 모든 인류의 죄를 합친 만큼 많더라도 우리가 하나님께 돌아오면, 하나님은 죄의 수를 세지 않으시며 전혀 죄를 안 지은 듯이 우리를 신뢰하신다는 사실을 기억하라'고 말한다.

과거에 수많은 죄를 지은 사람이 정직하게 하나님과 화해하길 원한다면 이렇게 물을지 모른다. "내가 하나님께 나오면, 하나님께서 나를 어떻게 하실까요? 하나님은 어떤 분이신가요? 그분은 무엇과 같으신가요?"

그 대답은 하나님은 예수님이 보여 주신 모습 그대로라는 것이다. 예수님은 "나를 본 자는 아버지를 보았거늘"이라고 말씀하셨다.요 14:9. 그리스도께서는 이 땅에서 사람들과 함께 걸으시면서 세상 사람들에게 하나님이 어떤 분인지 보이셨고, 하나님의 참된 본성을 알리셨다. 이것은 그리스도께서 육체로 이 땅에 계시는 동안 하신 일들 가운데 하나일 뿐이지만 그분은 이 일을 아름답고 완벽하게 하셨다.

그리스도를 보면 하나님이 사람들에게 어떻게 행하시는지 알 수 있다. 위선적이며 기본적으로 성실하지 못한 자들에게는, 예수님이 그렇게 보였듯이 하나님도 냉정하고 멀어 보일 것이다. 그러나 회개하는 자들에게는 하나님이 자비롭게 보일 것이며, 죄를 자복하는 자들에게는 너그럽고 따뜻한 분으로 보일 것이다. 두려움에 떠는 자들에게 하나님은 친구 같으며, 마음이 가난한 자들에게 하나님은 용서를 베푸는 분이며, 무지한 자들에게 하나님은 사려 깊은 분이며, 연약한 자들에게 하나님은 부드러운 분이며, 나그네들에게 하나님은 환대하는 분이다.

하나님이 우리를 받아들일지는 우리 자신의 태도에 달렸다. 하나님의 자비는 무한하며, 그분의 온정의 샘은 넘쳐난다. 그렇다고 해서 하나님이 우리를 강제로 돌보시는 것은 아니다. 우리가 탕자처럼 환영을 받으려면, 탕자처럼 돌아와야 한다. 이렇게 돌아올 때, 바리새인들과 율법학자들이 밖에서 못마땅해 하더라도 안에서는 환영 잔치가 벌어질 것이며, 아버지가 아들을 다시 품에 안는 순간 음악과 춤이 펼쳐질 것이다.

하나님의 위대하심은 우리 속에 두려움을 일으키지만, 하나님의 선하심은 그분을 무서워하지 않도록 용기를 준다. 두려워하는 동시에 무서워하지 않는 것, 이것이 믿음의 역설이다.

> 하나님, 당신은 나의 소망, 하늘에 계신 나의 안식,
> 이 땅에서 내 모든 행복이니,
> 나의 절박한 간구 들으사
> 내게, 내게, 당신의 선하심을 보이소서.
> 당신의 아름다운 얼굴을 나타내시며,
> 영원한 빛을 비추소서.

밝아진 내 믿음의 눈 앞으로

당신의 모든 은혜로운 선하심이 지나게 하소서.

당신의 선하심을 보길 간절히 원하오니

당신의 웃는 얼굴을 보이소서.

내 영혼이 부르짖으니

당신의 사랑, 영광스런 이름 나타내소서.

―찰스 웨슬리

17장 : 공의 The Goodness of God

공의가 없는 선은 선이 아니다

우리 아버지, 당신의 공의 때문에 당신을 사랑합니다. 당신의 판단은 완전히 참되고 의롭습니다. 당신의 공의가 우주의 질서를 유지하며, 당신을 신뢰하는 모든 자들의 안전을 보장합니다. 우리가 사는 이유는 당신이 공의롭고 자비롭기 때문입니다.

거룩하고, 거룩하고, 거룩하며, 전능하신 주 하나님, 당신의 모든 길은 의롭고 당신의 모든 일은 거룩합니다. 아멘.

영감된 성경에서 공의(justice)와 의(righteousness)를 거의 구분하지 않았다. 동일한 원어가 영어에서 공의나 의로 번역되는데, 거의 번역자의 자의적 판단이 아닌가 싶다.

구약은 하나님의 공의를 분명하고 풍부한 언어로, 인간의 문학 어디에도 어울릴 법한 아름다운 언어로 표현한다. 소돔의 멸망을 예고했을 때, 아브라함은 소돔의 의인들을 위해 중보하면서, 자신은 인간이 위급한 상황에서 하나님이 그분답게 행동하실 것을 안다는 사실을 하나님께 상기시켰다. "주께서 이같이 하사 의인을 악인과 함께 죽이심은 불가하오며, 의인과 악인을 균등히 하심도 불가하니이다. 세상을 심판하시는 이가 공의를 행하실 것이 아니니이까?" 창 18:25.

시편기자들과 이스라엘 선지자들은 하나님을 공평하게 다스리시며 지극히 높으신 전능한 통치자로 생각했다. "구름과 흑암이 그에게 둘렸고 의와 공평이 그 보좌의 기초로다" 시 97:2.

오랫동안 고대하는 메시야에 대해서는 그분이 오시면 사람들을 의로 심판하며, 가난한 자들을 공의로 심판하신다고 예언했다. 따뜻한 동정심을 가진 거룩한 사람들은 세상 통치자들의 불공평에 의분하여 기도했다. "여호와여, 보수하시는 하나님이여, 보수하시는 하나님이여, 빛을 비추소서. 세계를 판단하시는 주여, 일어나사 교만한 자들에게 상당한 형벌을 주소서. 여호와여, 악인이 언제까지, 악인이 언제까지 개가를 부르리이까?" 시 94:1-3. 그리고 이것을 개인적인 앙갚음에 대한 탄원이 아닌 도덕적 평등이 인간 사회에 넘치는 모습을 보려는 갈망으로 이해해야 한다.

다윗과 다니엘 같은 사람들은 하나님의 의와 대비되는 자신의 불의를 인정했다. 그 결과 이들이 드린 회개 기도는 큰 능력과 효과가 있었다. "주여 공의는 주께로 돌아가고 수욕은 우리 얼굴로 돌아옴이 오늘과 같아서" 단 9:7.

오래 미뤄졌던 하나님의 심판이 세상에 임하기 시작할 때, 요한은 승리의 성도들이 불이 섞인 유리 바다에 서 있는 모습을 본다. 이들은 손에 하나님의 거문고를 들고 모세와 어린양의 노래를 부르는데, 노래의 주제는 하나님의 공의다. "주 하나님 곧 전능하신 이시여, 하시는 일이 크고 기이하시도다! 만국의 왕이시여, 주의 길이 의롭고 참되시도다! 주여, 누가 주의 이름을 두려워하지 아니하며 영화롭게 하지 아니하오리이까? 오직 주만 거룩하시니이다. 주의 의로우신 일이 나타났으매 만국이 와서 주께 경배하리이다" 계 15:3-4.

공의는 도덕적 공평의 개념을 구체화하며, 죄악과는 정확히 반대된다. 죄악은 불공평이며, 인간의 생각과 행동에 평등함이 없음을 말한다. 심판은 공평을 도덕적 상황에 적용하는 것이며, 심문을 받는 사람의 마음과 행동이 공평했느냐 불공평했느냐에 따라 결과가 좋기도 하고 나쁘기도 하다.

하나님이 하실 어떤 행위를 가리켜 "공의가 하나님이 이렇게 하도록 요구한다"라고 말할 때가 있다. 이렇게 생각하고 말하는 것은 잘못이다. 왜냐하면 더 우월한 힘만이 복종을 강요할 수 있기 때문이다. 그러므로 하나님의 본성 밖에는 그분을 조금이라도 움직이는 그 무엇도 존재하지 않는다. 하나님의 모든 이유는 창조되지 않은 존재이신 하나님 자신에게서 나온다. 영원 전부터 그 무엇도 하나님의 존재에 덧붙여지지 않았으며, 그 무엇도 그분의 존재에서 제거되지 않았으며, 그분의 존재에서 그 무엇도 변하지 않았다.

공의는 우리가 하나님의 존재 방식에 붙인 이름일 뿐이며, 그 이상 아무것도 아니다. 공의롭게 행동하실 때, 하나님은 독립적인 기준에 부합하려고 그렇게 하시는 게 아니라, 단지 주어진 상황에서 자신에게 걸맞게 행동하실 뿐이다. 금이 그 자체로 하나의 요소이며 절대로 변하거나 더럽혀지지 않고 어디서나 금이듯이, 하나님은 하나님이며, 언제나, 유일하게, 완전히 하나님이며, 절대로 자신이 아닌 다른 존재가 되지 못하신다.

우주 만물은 하나님의 본성에 부합하는 만큼 선하며 그러지 못한 만큼 악하다. 하나님 자신이 도덕적 공평의 자존적 원리이며, 하나님은 악인들에게 판결을 내리고 의인들에게 상을 주실 때 자신이 아닌 그 무엇의 영향도 받지 않으면서 내면으로부터 자신에게 걸맞게 행하실 뿐이다.

이 모두가 돌아온 죄인의 칭의(稱義, justification)에 대한 희망을 파괴하는 것처럼 보이지만, 그렇게 보일 뿐이다. 안셀름은 하나님의 공의와 자비 사이의 분명해 보이는 모순을 해결하려 노력하면서 하나님께 이렇게 물었다. "당신이 전적으로 공의롭고, 가장 공의로우시다면, 어떻게 악인들을 그냥 두십니까?"²⁵⁾ 그런 후 그는 하나님을 똑바로 바라보며 대답을 기다렸다. 그 대답이 하나님이 누구시냐에 있음을 알기 때문이었다.

안셀름의 발견을 이렇게 풀어 써도 좋을 것이다. 하나님은 한 분이시다. 하나님은 조화롭게 일하는 몇 부분으로 구성되신 분이 아니라 하나다. 하나님의 공의에는 하나님의 자비를 금하는 게 없다. 법정에서 법 때문에 피고에게 눈물을 머금고 사형 선고를 내리는 인정 많은 판사를 생각하듯이 하나님을 생각한다면 하나님에게 전혀 합당하지 않다. 하나님은 절대로 자신과 상충된 행동을 하지 않으신다. 하나님의 속성들은 서로 충돌하지 않는다.

하나님의 긍휼은 하나님의 선하심에서 나오며, 공의가 없는 선은 선이 아니다. 하나님이 우리를 멸하지 않으시는 이유는 선하시기 때문이다. 그러나 하나님이 공의롭지 않다면 선하실 수 없다. 안셀름은 하나님이 악인을 벌하시는 이유는, 이들의 악행과 합치하기 때문이며, 하나님이 악인을 멸하지 않으시는 이유는 그분의 선하심과 양립될 수 있기 때문이라고 했다. 이렇게 하나님은 가장 선하신 하나님으로서 자신에게 어울리는 행동을 하신다. 이성은 이것을 이해하려 하는데, 이는 믿기 위해서가 아니라 이미 믿기 때문이다.

하나님이 어떻게 공의로운 동시에 불의한 자를 의롭다고 하실 수 있느냐는 문제를 푸는 더 단순하고 친숙한 해결책은, 기독교의 구속 교리에 있다. 구속 교리란 그리스도의 대속(代贖) 사역이 있기에 하나님께서 인간을 구원하실 때 공의가 침범당하지 않고 오히려 만족된다는 것이다.

구속 신학은 공의가 이루어질 때까지 자비는 인간에게 효력이 없다고 가르친다. 우리의 대속물(代贖物)이신 그리스도께서 우리를 대신해 십자가에서 죽으셨을 때, 죄에 대한 공의로운 형벌이 집행되었다. 자연인의 귀에는 거슬릴지 몰라도 믿음의 귀에는 감미롭다. 수많은 사람들이 이 메시지를 통해 도덕적으로, 영적으로 변화되었으며, 도덕적으로 아주 힘 있는 삶을 살았으며, 마침내 이 메시지를 믿으며 평화롭게 눈을 감았다.

공의가 충족되었고 자비가 역사한다는 이러한 메시지는 듣기 좋은 신학적 이론에 불과한 게 아니다. 우리는 죄인이므로 죽을 수밖에 없다. 즉 하나님의 공의 앞에 서면 우리는 도덕적으로 심판 아래 놓이는 것이다. 무한한 공평이 만성적이며 자의적인 우리의 불공평을 만나면 격전이 벌어진다. 이 전쟁에서 하나님은 언제나 반드시 이기신다.

그러나 회개하는 죄인이 구원을 위해 자신을 그리스도께 내어맡길 때, 도덕적 상황은 역전된다. 공의가 변화된 상황을 보고 믿은 사람을 의롭다고 선언한다. 이렇게 해서 실제로 공의가 신뢰하는 하나님의 자녀들 편으로 넘어간다. 사도 요한의 말도 바로 이런 뜻이다. "만일 우리가 우리 죄를 자백하면, 저는 미쁘시고 의로우사 우리 죄를 사하시며, 모든 불의에서 우리를 깨끗하게 하실 것이요" 요일 1:9.

그러나 하나님의 공의는 철저하게 죄인과 영원히 맞선다. 하나님은 너무 자애로워 불의한 자를 벌하지 못하신다는 막연하고 빈약한 희망은 수많은 양심을 치명적으로 마비시켰다. 이러한 희망 때문에, 이들은 죽음이 날마다 더 가까워지는데도 회개하라는 명령을 무시한 채 마음대로 불의를 행한다. 책임 있는 도덕적 존재로서, 영원한 미래를 이처럼 하찮게 여겨서는 안 된다.

> 예수님, 당신의 보혈과 의가
> 나의 아름다움이며, 나의 영광스러운 옷이니
> 불타는 세상 속에서, 이것들로 차려 입고
> 기뻐하며 내 머리를 들겠나이다.
>
> 당신의 큰 날에 나 담대히 서리니
> 누가 감히 나를 고소하리요?
> 이것들을 통해 나 완전히 해방되었으니
> 죄와 두려움으로부터, 죄책과 수치로부터.
> ─진젠돌프 백작(Count N. L. von Zinzendorf)

The Mercy of God 자비 : **18장**

자비는 죄에 맞서는 하나님의 선하심이다

거룩하신 아버지, 당신의 지혜는 감탄을 자아내며, 당신의 능력은 더 없는 경외감을 갖게 하며, 당신의 편재성은 땅의 모든 곳을 성소(**聖所**)로 바꿉니다.

그러나 우리에게 재 대신 아름다움을, 슬픔 대신 기쁨의 기름을, 낙담한 영혼에게 찬송의 옷을 주시려고 우리의 가장 작은 필요까지 채우는 당신의 자비를 어찌 다 감사하겠습니까? 예수 그리스도 우리 주님을 통해 임하는 당신의 자비를 송축하며 찬양합니다. 아멘.

어둠의 자녀인 우리가 영원한 언약의 피를 통해 마침내 빛나는 본향에 이르렀을 때, 우리의 거문고에 일천 개의 현이 있더라도 가장 감미로운 현은 하나님의 자비를 가장 완벽하게 노래하는 현일 것이다.

우리가 무슨 권리로 그곳에 가겠는가? 우리도 창조 세계의 영화로운 왕을 몰아내려는 무모한 반역에 동참한 죄인이 아니었던가? 지난날 우리는 이 세상의 길을 따라, 공중 권세 잡은 악한 왕, 곧 지금 불순종의 아들들 안에서 역사하는 영을 따라 행하지 않았던가? 또한 육체의 정욕을 따라 살지 않았던가? 다른 이들처럼 본질상 진노의 자녀가 아니었던가?

그러나 전에는 악한 행실로 하나님을 멀리 떠나 하나님과 원수되었던 우리가 하나님과 얼굴을 마주하며 그분의 이름이 우리의 이마에 새겨질 것이다. 내쫓겨 마땅한 우리가 하나님과 교제할 것이다. 지옥의 고통을 당해 마땅한 우리가 천국의 복을 누릴 것이다. 이 모두가 우리 하나님의 따뜻한 긍휼을 통해 이루어질 것이다. 하나님의 긍휼을 통해, 하늘의 빛이 우리를 비추었다.

> 오, 나의 하나님! 내 영혼 일어나
> 당신의 모든 자비를 볼 때
> 경이로움과 넋을 잃고
> 감탄하며, 사랑하며, 찬양합니다
> ―조셉 에디슨(Joseph Addison)

자비는 하나님의 속성이며, 하나님의 본성 안에 있고 하나님이 적극적으로 불쌍히 여기시게 하는 무한하며 다 써 버릴 수 없는 에너지다. 구약과 신약 모두 하나님의 자비를 선포한다. 그러나 구약은 하나님의 자비를 신약보다 네 배나 많이 언급한다.

공의와 심판은 이스라엘 하나님의 특징인 반면에 자비와 은혜는 교회의 주님께 속한다는 일반적이지만 잘못된 개념을 머리에서 영원히 지워야 한다. 구약과 신약 사이에는 아무 차이도 없다. 신약에서는 구속의 진리가 더 분명하게 전개되지만 구약과 신약에서 말씀하시는 하나님은 하나이며, 그분의 말씀은 그분이 어떤 분이신지와 일치한다.

하나님은 언제 어디서 인간에게 나타나시든 간에 자신에게 맞게 행동하신다. 에덴동산에서든 겟세마네 동산에서든, 하나님은 공의로울 뿐 아니라 자비롭다. 하나님은 언제나 인류를 자비로 대하시며, 그분의 자비가 무시당할 때는 언제나 공의로 대하실 것이다. 하나님은 대홍수 이전에 이렇게 하셨으며, 그리스도께서 인간들 사이를 거니실 때 이렇게 하셨고, 지금도 이렇게 하시며, 언제나 이렇게 하실 것이다. 이유는 단 하나, 그분이 하나님이기 때문이다.

하나님의 자비는 하나님의 영원한 존재의 한 속성이라는 사실을 기억한다면, 하나님의 자비가 어느 날 그칠지 모른다며 두려워하는 일은 없을 것이다. 하나님의 자비는 결코 시작이 없으며 영원부터 있었다. 그러므로 하나님의 자비는 절대로 그치지 않는다. 하나님의 자비는 무한하기 때문에 절대로 커지지 않으며, 무한한 것은 감소하지 않기 때문에 하나님의 자비는 절대로 작아지지도 않는다. 하늘이나 땅이나 지옥에서 일어났거나 일어날 그 어떤 일도 우리 하나님의 부드러운 자비를 바꾸지 못한다. 하나님의 자비는 영원하며, 하나님의 자비는 무한하다. 너무나 엄청난 하나님의 동정(pity)과 긍휼이다.

심판이 도덕적 불공평에 맞서는 하나님의 공의이듯이, 자비는 인간의 고통과 죄에 맞서는 하나님의 선하심이다. 세상에 죄가 없고, 고통과 눈물이 없어도, 하나님은 무한히 자비로우실 것이다. 그러나 하나님의 자비는 그분의 마음에 숨은 채, 피조된 우주에 알려지지 않을 것이다. 아무도 필요하다고 느끼지 않는 자비를 그 누구도 소리 높여 기리지 않을 것이다. 인간의 비극과 죄가 하나님의 자비를 요구할 뿐이다.

"퀴리에 엘레이손(Kyrie eleison, 주여, 우리를 불쌍히 여기소서)! 크리스테 엘레이손(Christe eleison, 그리스도여, 우리를 불쌍히 여기소서)!"

교회는 언제나 이렇게 간구했다. 그러나 내 실수가 아니라면, 나는 교회의 그 간구에서 슬픔과 절망이 느껴진다. 교회가 체념한 어조로 너무나 자주 애처롭게 부르짖는다면, 교회가 실제로는 전혀 기대하지 않으면서 은혜를 구하는 기도를 한다고 추론할 수도 있다. 교회는 의무감에 하나님의 위대하심을 노래하고 신앙고백을 수없이 되풀이할지 모른다. 그러나 마치 자비가 간절히 바라도 절대로 누리지 못할 천상의 선물이기라도 하듯이, 자비를 구하는 교회의 간구는 절망적인 소망에 불과한 것처럼 들린다.

우리가 자비의 순전한 기쁨을 누리지 못하는 이유는 우리의 불신앙 때문인가, 우리의 무지 때문인가, 아니면 둘 모두 때문인가? 한때 이스라엘이 이러했다. 바울은 이스라엘에 대해 이렇게 증언했다. "저희가 하나님께 열심이 있으나 지식을 좇은 것이 아니라" 롬 10:2.

이들이 실패한 이유는 단 하나를 알지 못했기 때문이다. 그리고 히브리서 기자는 광야의 이스라엘에 대해 이렇게 말한다. "들은 바 말씀이 저희에게 유익되지 못한 것은 듣는 자가 믿음을 화합지 아니함이라" 히 4:2.

자비를 얻기 위해서는 먼저 하나님이 자비롭다는 사실을 알아야 한다. 하나님이 옛날에 노아나 아브라함이나 다윗에게 자비를 베푸셨고, 미래의 행복한 어느 날에 다시 자비를 베푸시리라는 믿음으로는 부족하다. 하나님의 자비는 무한하며, 값이 없으며, 우리 주 예수 그리스도를 통해 지금 우리의 상황에 임할 수 있다고 믿어야 한다.

우리는 평생 불신앙 가운데 자비를 간구하다가 삶을 마치는 날에도 여전히 어디선가 언젠가 자비를 받으리라는 서글픈 소망만 안고 있을지 모른다. 이것은 잔치 자리에 초대 받고도 문 밖에서 굶어 죽는 것과 다를 바 없다.

우리는 원하기만 하면 믿음으로 하나님의 자비를 붙잡고 잔치 자리로 들어가 망설임과 불신앙을 뿌리치고 자신들을 위해 준비된 진수성찬을 즐기는 용기 있는 사람들과 자리를 같이할 수 있다.

일어나라. 내 영혼아, 일어나라.

죄책의 두려움을 떨쳐라.

피의 제물이

나를 대신하셨다.

나의 보증인이 보좌 앞에 서 계신다.

나의 하나님이 만족하신다.

용서하시는 그분의 음성이 들린다.

그분이 나를 자녀 삼으시니

나 더 이상 두렵지 않다.

나 이제 자신 있게 다가가 외치도다.

"아버지, 아바, 아버지!"

―찰스 웨슬리

The Grace of God 은혜 : **19**장

하나님은 자격 없는 자에게 호의를 베푸신다

모든 은혜의 하나님, 우리를 향한 당신의 생각은 악이 아니라 언제나 평안이며, 우리가 사랑하는 분 안에서 받아들여졌음을 믿는 마음을 우리에게 주며, 하늘의 완전함을 보존하면서도 우리를 그곳으로 인도해 들이는 길을 찾아낸 도덕적 지혜의 완전함을 찬양하는 마음도 줍니다. 우리는 그렇게 거룩하고 경외로운 분이 우리를 자신의 잔칫집에 초대하며 사랑의 깃발이 우리 위에 나부끼게 하시는 데 놀라며 감탄합니다. 우리가 느끼는 감사를 표현할 길 없으니 당신께서 우리 마음을 보시고 우리 감사를 읽으소서. 아멘.

하나님 안에서 자비와 은혜는 하나다. 그러나 그것이 우리에게는 둘로 보이며, 서로 연관이 있지만 동일하지는 않다.

자비가 인간의 비극과 죄책에 대한 하나님의 선하심이듯이, 은혜는 인간의 빚과 죄과(罪果)에 대한 하나님의 선하심이다. 자신의 은혜로, 하나님은 공로가 전혀 없던 곳에 공로를 지우시고, 빚이 있던 곳에 빚이 없다고 선언하신다.

은혜는 하나님이 자격 없는 자들에게 호의를 베풀게 하는 그분의 선한 기쁨이다. 은혜는 하나님의 본성에 내재하는 자존적 원리이며, 불쌍한 사람들을 가엾게 여기고, 죄인들을 용서하고, 버림 받은 자들을 환영하고, 전에는 비난만 받던 자들에게 호의를 베푸는 자기원인적 성향으로 우리에게 나타난다. 은혜는 죄악된 우리를 구원하며, 우리가 천상의 자리에 함께 앉아 하나님이 그리스도 예수 안에서 우리에게 베푸신 넘치도록 풍성한 긍휼을 대대에 전하게 한다.

하나님이 그분 자신이라는 사실은 우리에게 영원히 유익이 된다. 하나님은 그분 자신이기 때문에 감옥에서 우리를 이끌어 내시고, 우리의 죄수복을 벗기고 왕복을 입히시며, 우리가 평생 그분 앞에서 먹게 하신다.

은혜는 멀리 거슬러 올라가 하나님의 마음에서, 그분의 거룩한 존재의 경외롭고 이해를 초월한 심연에서 일어난다. 그러나 은혜가 인간에게 전달되는 통로는 십자가에 죽으시고 부활하신 예수 그리스도다. 구속의 은혜를 누구보다 뛰어나게 설명하는 바울도 하나님의 은혜와 십자가에서 죽으신 하나님의 아들을 절대로 분리하지 않는다. 바울의 가르침에서 둘은 언제나 함께 나타나며, 유기적으로 하나이며 분리될 수 없다.

바울이 에베소 성도들에게 보낸 편지를 보라. "그 기쁘신 뜻대로 우리를 예정하사 예수 그리스도로 말미암아 자기의 아들들이 되게 하셨으니, 이는 그의 사랑하시는 자 안에서 우리에게 거저 주시는 바 그의 은혜의 영광을 찬미하게 하려는 것이라. 우리는 그리스도 안에서 그의 은혜의 풍성함을 따라 그의 피로 말미암아 구속 곧 죄 사함을 받았으니" 엡 1:5-7.

요한도 요한복음에서, 그리스도는 은혜가 인류에게 전달되는 통로라고 말한다. "율법은 모세로 말미암아 주신 것이요, 은혜와 진리는 예수 그리스도로 말미암아 온 것이라" 요 1:17.

그러나 바로 이 부분에서 길을 잃고 진리에서 멀어지기 쉽다. 실제로 이렇게 한 사람들이 있다. 그들은 이 구절을 은혜의 교리를 담은 다른 구절들과 무관하게 따로 떼어 내고, 이 구절이 모세는 율법만 알았고 그리스도는 은혜만 알았다고 가르친다고 해석해 버렸다. 그렇게 해서 구약은 율법의 책이 되었고, 신약은 은혜의 책이 되었다. 그러나 진실은 전혀 다르다.

율법은 모세를 통해 인간에게 주어졌으나 모세에게서 기원하지 않았다. 율법은 세상의 기초가 놓이기 전에 이미 하나님의 마음에 있었다. 시내산에서 율법은 이스라엘 민족의 법전이 되었다. 그러나 율법이 내포하는 도덕적 원리는 영원하다.

율법이 인류를 향한 하나님의 뜻을 나타내지 않았던 때가 한 순간도 없었다. 하나님이 오래 참으시고 때로는 사람들이 무지해서 저지른 악행에 "눈감아 주셨다"(winked, 행 17:30, 표준새번역)하더라도, 율법을 범했을 때 벌이 따르지 않았던 때는 한 순간도 없었다. 바울이 로마서 3장과 5장에서 전개하는 빈틈없는 논증은 이 점을 아주 분명하게 보여 준다. 기독교 도덕의 원천은 모세의 율법이 아니라 그리스도의 사랑이다. 그럼에도 율법에 내포된 도덕의 원리가 전혀 폐기되지 않았다. 율법이 명령하는 의(義)를 면제받는 특권층은 없다.

구약은 율법책이지만 율법책에서만 그치지 않는다. 대홍수 이전, 노아는 "여호와께 은혜를 입었"고 창 6:8, 율법이 주어진 후, 하나님은 모세에게 "너는 내 목전에 은총을 입었고"라고 하셨다 출 33:17. 어떻게 그렇지 않을 수 있었겠는가? 하나님은 언제나 그분 자신이며, 은혜는 거룩하신 하나님의 속성이다. 태양이 자신의 빛을 숨기지 못하듯이 하나님도 자신의 은혜를 숨기지 못하신다. 인간은 해를 피해 어둡고 습한 동굴로 들어갈 수는 있지만 해를 제거하지는 못한다. 이와 마찬가지로, 인간은 어떤 세대에서든 하나님의 은혜를 경멸할 수는 있지만 소멸하지는 못한다.

구약 시대가 엄격하고 확고한 율법의 시대였을 뿐이라면, 그 시대 상황은 지금 고대의 저작에서 보는 것보다 훨씬 더 음울했을 것이다. 하나님의 친구 아브라함이 없었을 것이며, 하나님의 마음에 합한 사람 다윗도 없었을 것이며, 사무엘도, 이사야도, 다니엘도 없었을 것이다. 구약의 영적 위인들의 웨스트민스터 사원인 히브리서 11장은 컴컴하고 텅 비어 있을 것이다. 오늘날과 마찬가지로 구약 시대에도, 은혜가 성인(聖人)들을 만들어 냈다.

아벨로부터 현재에 이르기까지, 은혜 외에 다른 수단으로 구원받은 사람은 없다. 인류가 에덴동산에서 쫓겨난 이후, 하나님의 순전한 선하심을 통하지 않고 하나님의 은혜로 돌아간 사람은 아무도 없다. 누구든지 은혜를 받은 사람은 항상 예수 그리스도를 통해 은혜를 받았다.

은혜는 예수 그리스도를 통해 왔으나 그리스도께서 구유에 태어나시거나 십자가에서 죽으신 후에야 역사한 게 아니었다. 그리스도께서는 세상의 기초가 놓일 때부터 죽임 당한 어린 양이다. 인류 역사에서 하나님과의 교제를 회복한 첫 사람도 그리스도를 믿는 믿음을 통해 그 교제를 회복했다. 옛날에는 사람들이 그리스도의 구속 사역을 고대했으나 나중에는 그리스도의 구속 사역을 되돌아보았다. 그러나 사람들은 하나님께 올 때마다 은혜로, 믿음을 통해 왔다.

또 하나 명심해야 할 점이 있다. 하나님의 은혜는 무한하며 영원하다는 사실이다. 하나님의 은혜는 시작이 없듯이 끝도 없으며, 하나님의 속성이기 때문에 무한하다.

이것을 하나의 신학적 진리로 이해하려 애쓰기보다는 하나님의 은혜를 우리의 필요와 비교해 보는 게 더 간단하고 좋을 것이다. 우리는 자신의 죄가 얼마나 큰지 전혀 알지 못하며, 알아야 할 필요도 없다. 우리가 알 수 있는 사실은 "죄가 넘치는 곳에 은혜가 더욱 넘쳤다"는 것이다(롬 5:20, KJV).

죄가 "넘치게 한다"(abound). 이것이 우리가 할 수 있었거나 할 수 있는 최악의 행위이며, 가장 많이 행했거나 행하는 행위다. 죄가 '넘친다'는 것은 우리 능력의 한계를 규정한다. 비록 자신의 죄악이 자기 위에 산처럼 쌓인다고 느끼더라도, 산은 정의가 가능하다. 산이 아무리 크고 높고 무겁더라도 어느 정도일 뿐 그 이상은 아니기 때문이다. 그러나 하나님의 무한한 은혜를 누가 정의하겠는가? "더욱 넘치는" 하나님의 은혜는 우리의 생각을 무한으로 이끌어 들이고 거기서 당황하게 만든다. 넘치는 은혜를 베푸시는 하나님께 모든 감사를 돌려라.

하나님과의 교제에서 멀어졌다고 느끼는 우리는, 이제 절망을 털고 일어나 고개를 들고 위를 쳐다볼 수 있다. 그리스도의 대속의 죽음을 통해 우리를 추방했던 원인은 제거되었다. 우리는 탕자처럼 돌아갈 수 있으며, 환영받을 수 있다. 우리가 에덴동산으로, 타락 이전의 우리의 집으로 돌아갈 때 화염검은 사라질 것이다. 생명나무를 지키는 자들은 은혜의 자녀가 다가오는 것을 보고 가만히 비켜 선다.

> 돌아오라, 방랑자여! 이제 돌아오라.
> 와서 아버지의 얼굴을 구하라.
> 그분의 은혜가 네 속에

새로운 갈망의 불을 붙였도다.

돌아오라, 방랑자여! 이제 돌아오라.
와서 흐르는 눈물을 닦아라.
네 아버지께서 부르시니 더 이상 울지 말라.
이 사랑이 너를 가까이 부르시도다.

―윌리엄 벤코 콜리어(William Benco Collyer)

20장 : 사랑 The Love of God

사랑은 하나님께 속해 있다

하늘에 계신 우리 아버지, 우리는 당신의 자녀이면서도 믿음의 확증과 양심의 고소를 동시에 들으면서 마음이 혼란스러울 때가 많습니다. 우리 안에 당신처럼 거룩하고 의로운 분의 사랑을 받을 만한 것이 전혀 없음을 잘 압니다. 그러나 당신은 그리스도 예수 안에서 우리를 향한 변함없는 사랑을 선포하셨습니다.

우리 안에 그 무엇도 당신의 사랑을 받을 만하지 못하지만, 우주의 그 무엇도 우리를 향한 당신의 사랑을 막지 못합니다. 당신의 사랑은 이유가 없으며 자격을 따지지 않습니다. 당신이 우리를 사랑하시는 이유는 바로 당신에게 있습니다.

우리가 우리를 발견한 그 사랑의 뜨거움과 영원함을 믿도록 도우소서. 그러면 사랑이 두려움을 내어 쫓으며, 우리의 혼란스러운 마음이 평안을 얻으며, 우리가 자신을 의지하지 않고 당신이 선포하신 당신을 신뢰할 것입니다. 아멘.

사도 요한은 성령의 감동으로 "하나님은 사랑이심이라" 요일 4:8라고 기록했다. 그런데 어떤 사람들은 그의 말을 하나님의 본성을 정의하는 진술로 받아들였다. 이것은 큰 실수다. 요한은 하나의 사실을 말했을 뿐, 정의를 제시한 게 아니었다.

사랑을 하나님과 같다고 해석하는 것은 큰 실수이며, 여기서 아주 건전하지 못한 종교 철학이 나왔다. 또한 성경과 전혀 일치하지 않고 역사적 기독교와 전혀 분위기가 다른 공상적인 시가 홍수처럼 쏟아져 나왔다.

사도 요한이 사랑이 하나님의 전부라고 선언했다면, 우리는 하나님이 사랑이라고 추론해야만 한다. 말 그대로 하나님이 사랑이라면, 말 그대로 사랑이 하나님이며, 사랑을 유일한 하나님으로 예배해야 한다. 사랑이 하나님과 동등하다면, 하나님은 사랑과 동등할 뿐이며, 하나님과 사랑은 동일하다. 따라서 우리는 하나님의 인격성을 파괴하며, 그분의 속성을 하나만 제외하고 완전히 부정하며, 그 하나로 하나님을 대신하면 된다.

그렇게 해서 우리 머릿속에 남는 하나님은 이스라엘의 하나님이 아니다. 그는 하나님이 아니며, 우리 주 예수 그리스도의 아버지가 아니다. 그는 선지자들과 사도들의 하나님이 아니다. 그는 성도들과 개혁자들과 순교자들의 하나님이 아니며, 신학자들과 교회 찬송가 작가들의 하나님도 아니다.

우리의 영혼을 생각한다면 먼저 성경을 이해해야 한다. 말의 노예가 되지 말고 의미에 충실해야 한다. 말은 생각을 표현해야지 말로 생각을 만들어 내서는 안 된다. 우리는 하나님은 사랑이요, 빛이라고 말하며, 그리스도는 진리라고 말한다. 이 말은 마치 어떤 사람을 가리켜 "그 사람은 친절 자체야!"라고 말할 때와 같다. 친절과 그 사람이 동일하다는 말이 아니다. 또한 어느 누구도 이런 뜻으로 이해하지 않는다.

"하나님은 사랑이심이라"는 말은 사랑이 하나님의 본질적 속성 가운데 하나라는 뜻이다. 사랑은 하나님께 속한 것은 사실이지만 사랑이 하나님은 아니다. 거룩, 공의, 신실, 진리와 같은 단어처럼, 사랑도 하나님이 단일체(單一體, unitary being)로 존재하는 방식을 표현한다. 하나님은 불변하시기 때문에 언제나 자신에게 어울리게 행동하신다. 하나님은 단일체이시기 때문에 절대로 하나의 속성을 행사하기 위해 다른 속성을 쉬게 하지 않으신다.

이미 아는 하나님의 다른 속성들에서 그분의 사랑에 관해 많이 배울 수 있다. 예를 들면, 하나님은 자존하시기 때문에 그분의 사랑은 시작이 없으며, 하나님은 영원하시기 때문에 그분의 사랑은 끝이 없으며, 하나님은 무한하시기 때문에 그분의 사랑은 한계가 없으며, 하나님은 거룩하시기 때문에 그분의 사랑은 흠없는 깨끗함의 정수(精髓)이며, 하나님은 광대하시기 때문에 그분의 사랑은 측량할 길 없이 넓고 깊은 바다 같아서 우리가 그 앞에서 즐겁게 침묵하고 무릎을 꿇으며, 제아무리 뛰어난 언변가도 그 앞에서는 당황하고 부끄러워 뒷

걸음질 치지 않을 수 없음을 안다.

그러나 우리가 하나님을 알고, 다른 사람들에게 우리가 아는 바를 말하라면, 하나님의 사랑을 말하려고 노력해야 한다. 모든 그리스도인들이 노력했으나 아주 잘 해낸 사람은 없었다. 아이가 별을 따지 못하듯이, 나 또한 경외롭고 경이로움으로 가득한 이 주제를 제대로 다룰 길이 없다. 그렇더라도 아이는 별을 향해 손을 뻗음으로써 별에 대한 관심을 불러일으키며, 그 별을 보려면 어느 방향으로 눈을 돌려야 하는지 가르쳐 주기까지 한다. 이와 마찬가지로 내가 높고 빛나는 하나님의 사랑을 향해 마음의 팔을 뻗을 때, 하나님의 사랑을 몰랐던 누군가가 용기를 얻어 그 사랑을 바라보고 소망하리라 믿는다.

사랑이 무엇인지 우리는 알지 못하며, 앞으로도 절대로 알지 못할지 모른다. 그러나 사랑이 어떻게 나타나는지는 알 수 있다. 이 땅에서는 이것으로 충분하다. 첫째, 사랑은 선한 의지로 나타난다. 사랑은 모두의 선을 원하며, 절대로 누구에게도 해를 끼치거나 악을 행하려 하지 않는다. "사랑 안에 두려움이 없고 온전한 사랑이 두려움을 내어쫓나니" 요일 4:18.

두려움은 우리가 해를 입거나 고통을 당할지 모른다고 생각할 때 일어나는 고통스러운 감정이다. 우리의 행복을 바라지 않는 사람의 의지에 종속되는 한 이러한 두려움은 지속된다. 하지만 선한 의지를 가진 사람의 보호 아래 들어가는 순간 이 두려움은 내어 쫓긴다. 복잡한 매장에서 길을 잃은 아이가 두려워 우는 이유는 주변의 낯선 사람들이 적으로 보이기 때문이다. 잠시 후 엄마 품에 안기는 순간 모든 공포는 사라진다. 엄마의 선한 의지가 두려움을 내어 쫓은 것이다.

세상은 적들로 가득하며, 이 적으로부터 해를 입을 가능성이 있는 한 두려움을 벗어 버릴 수 없다. 원인을 제거하지 않은 채 두려움을 정복하려는 노력은 전혀 헛수고다. 마음은 평온함을 전하는 사도들보다 지혜롭다. 우연의 손에 잡혀 있는 한, 평균의 법칙에서 희망을 찾는 한, 적보다 빠르게 생각하고 빠르게 움직이는 자신의 능력에 생존을 의지하는 한, 두려워할 이유가 충분하다. 이 같은 두려움은 고통을 안고 달려든다.

사랑은 하나님께 속해 있으므로 사랑하는 분의 팔을 의지하며 은밀한 곳으로 들어가야 한다. 오직 이것만이 두려움을 내어 쫓을 수 있다. 어떤 사람에게 그 무엇도 그를 해하지 못한다는 확신을 심어 주라. 그러면 그에게서 모든 두려움이 즉시 사라질 것이다. 가끔 신체적으로는 통증을 느끼게 되겠지만 두려움에 대한 깊은 고통은 영원히 사라진다. 하나님은 사랑이시며 주권자이시다. 하나님의 사랑은 하나님이 우리의 영원한 행복을 바라게 하며, 하나님의 주권은 하나님이 그 행복을 보증할 수 있게 한다. 그 무엇도 선한 사람을 해하지 못한다.

> 그들이 육체는 죽일 수 있겠지만
> 하나님의 진리는 여전히 서니

> 그분의 나라는 영원하도다.
>
> —마르틴 루터(Martin Luther)

하나님의 사랑은 하나님이 친구와 같다고 말하며, 하나님의 말씀은 하나님이 우리의 친구이며 우리가 그분의 친구가 되길 원하신다는 사실을 확인해 준다. 겸손한 사람이라면 누구라도 먼저 자신이 하나님의 친구라고 생각하지 않을 것이다. 그러나 우리가 하나님의 친구라는 생각은 인간에게서 나오지 않았다. 절대로 아브라함이 먼저 "나는 하나님의 친구다"라고 말하지 않았을 것이다. 하나님이 친히 아브라함이 자신의 친구라고 말씀하셨다.

제자들도 자신이 그리스도의 친구라고 주장하길 주저했을 것이다. 그러나 그리스도께서 그들에게 "너희는… 나의 친구라"라고 말씀하셨다요 15:14. 겸손은 이처럼 경솔한 생각에 이의를 제기하겠지만, 대담한 믿음이 있으면 하나님의 말씀을 믿고 하나님과의 친구 관계를 주장한다. 하나님이 자신에 관해 하신 말씀을 믿고 담대히 은혜의 보좌로 나아가는 모습이 동산의 나무 사이에서 스스로를 의식하는 겸손에 숨는 모습보다 하나님을 더 영화롭게 한다.

사랑은 감정적 동일시이기도 하다. 사랑은 그 무엇도 자신의 소유로 여기지 않고 대상에게 전부 기지 준다. 세상의 남녀 관계가 나 이러하다. 젊고 야위고 피곤한 엄마는 통통하고 건강한 아기를 안고 젖을 먹이면서도 전혀 불평하지 않는다. 오히려 엄마는 아기를 행복하고 자랑스러운 눈길로 내려다본다. 이처럼 자기희생적 행동은 사랑의 공통점이다. 그리스도께서 자신에 대해 이렇게 말씀하셨다. "사람이 친구를 위하여 자기 목숨을 버리면 이보다 더 큰 사랑이 없나니" 요 15:13.

자유로우신 하나님이 아름답지만 이상하고 기이한 일을 하셨다. 자신의 마음을 인간의 마음과 감정적으로 같게 하신 것이다. 하나님은 자족하시다. 그런데도 하나님은 우리 사랑을 원하시며, 우리 사랑을 얻을 때까지 만족하지 않으신다. 하나님은 자유로우시다. 그런데도 하나님은 자신의 마음을 영원히 우리에게 매신다. "사랑은 여기 있으니 우리가 하나님을 사랑한 것이 아니요 오직 하나님이 우리를 사랑하사 우리 죄를 위하여 화목제로 그 아들을 보내셨음이니라" 요일 4:10.

노르위치의 줄리앙은 이렇게 말했다. "우리의 영혼이 지극히 높으신 그분의 특별한 사랑을 받는다는 사실은 모든 피조물의 지식을 초월한다. 다시 말해, 그 어떤 피조물도 창조자께서 우리를 얼마나 많이, 얼마나 아름답게, 얼마나 부드럽게 사랑하는지 알 길이 없다. 그러므로 우리는 은혜와 그분의 도움으로 영적 시각을 지켜야 하며, 전능하신 하나님이 그분의 선하심을 따라 우리에게 베푸시는 높고 초월적이며 측량 못할 사랑에 영원히 놀랄 뿐이다."[26]

사랑의 또 다른 특징은 대상을 기뻐한다는 것이다. 하나님은 그분이 창조하신 세상을 기뻐하신다. 사도 요한은 하나님이 세상을 창조하신 목적은 자신의 기쁨을 위해서라고 솔직하게 말한다. 하나님은 자신이 지으신 만물을 사랑하시는 가운데 행복해 하신다. 하나님은 그분이 만드신 작품을 보며 즐거움을 찾아낸다. 시편 104편은 하나님의 감동으로 기록된 자연시로 행복이 넘쳐나며, 처음부터 끝까지 하나님의 기쁨이 느껴진다. "여호와의 영광이 영원히 계속할지며 여호와는 자기 행사로 인하여 즐거워하실지로다" 시 104:31.

하나님은 그분의 성도들을 특별히 기뻐하신다. 많은 사람들이 하나님을 아주 멀리 떨어져 계시고, 우울해하시며, 모든 것을 아주 못마땅해하시며, 오래전에 흥미를 잃은 세상을 무관심하게 내려다보시는 분으로 생각한다. 그러나 이러한 생각은 잘못이다.

하나님은 죄를 미워하시며, 절대로 죄악을 기뻐하지 못하신다. 그러나 인간이 하나님의 뜻을 구할 때, 하나님은 진정한 사랑으로 화답하신다. 그리스도께서는 대속 사역을 통해 하나님과의 교제를 가로막는 장애물을 제거하셨다. 이제 그리스도 안에서, 하나님은 모든 믿는 자들을 기뻐하신다. "너의 하나님 여호와가 너의 가운데 계시니, 그는 구원을 베푸실 전능자시라. 그가 너로 인하여 기쁨을 이기지 못하여 하시며, 너를 잠잠히 사랑하시며, 너로 인하여 즐거이 부르며 기뻐하시리라" 습 3:17.

욥기에 따르면, 하나님의 창조 사역은 음악에 맞춰 이루어졌다. 하나님은 이렇게 말씀하신다. "내가 땅의 기초를 놓을 때에 네가 어디 있었느냐? … 그때에 새벽 별들이 함께 노래하며 하나님의 아들들이다 기쁘게 소리하였었느니라" 욥 38:4, 7. 존 드라이던(John Dryden, 영국 최고의 풍자시인)은 이 개념을 이보다 조금 더 확대시켰으나 사실에서 벗어날 만큼은 아니었다.

> 조화로부터, 하늘의 조화로부터
> 이 우주의 틀이 시작되었다.
> 자연이 조화되지 않은 원자 더미에 눌려
> 머리를 들지 못할 때
> 높은 데서 아름다운 소리가 들렸다.
> "일어나라, 죽음에서 깨어나라!"
> 그러자 차가운 것과 뜨거운 것과 축축한 것과 마른 것이
> 음악의 힘에 복종하여
> 질서 있게 제 자리를 찾았다.
> 조화로부터, 하늘의 조화로부터
> 이 우주의 틀이 시작되었다.
> 조화로부터 조화에 이르기까지
> 선율이 모든 곡조의 음역을 통해 흐르다가
> 인간 창조에서 대단원의 막을 내렸다.
> —"성 세실리아 축일을 위한 노래"(A Song for St. Cecilia's Day)에서.

음악은 기쁨의 표현이자 원천이며, 가장 순수하고 하나님께 가장

가까운 기쁨은 사랑의 기쁨이다. 지옥에는 기쁨이 없다. 그곳에는 사랑이 없기 때문이다. 천국은 음악으로 가득하다. 그곳은 거룩한 사랑의 기쁨이 넘치기 때문이다. 세상은 사랑의 기쁨이 고통과 뒤섞여 있는 곳이다. 세상에는 죄와 미움과 악한 의지가 있기 때문이다. 그리스도께서 자기 백성을 위해 자신을 주시면서 고난 당하셨듯이, 우리가 사는 세상에서 사랑은 때로 고난당한다. 그러나 우리에게는 슬픔의 원인이 마침내 사라지고 새로운 인류가 이기심이 없는 완전한 사랑의 세상을 누리리라는 확실한 약속이 있다.

가만히 있지 못하는 것은 사랑의 본성이다. 사랑은 활동적이고 창조적이며 인자하다. "우리가 아직 죄인 되었을 때에 그리스도께서 우리를 위하여 죽으심으로 하나님께서 우리에게 대한 자기의 사랑을 확증하셨느니라" 롬 5:8. "하나님이 세상을 이처럼 사랑하사 독생자를 주셨으니" 요 3:16.

사랑이 있는 곳에서는 이런 일이 반드시 일어난다. 사랑은 어떠한 희생이 따르더라도 대상에게 늘 주어야 한다. 사도들이 어린 교회들을 날카롭게 꾸짖은 이유는 몇몇 구성원이 이것을 잊고, 형제들이 궁핍한데도 자신을 즐겁게 하는 데 자신의 사랑을 허비했기 때문이다. '사랑받은 자'로 알려진 요한은 이렇게 기록했다. "누가 이 세상 재물을 가지고 형제의 궁핍함을 보고도 도와 줄 마음을 막으면 하나님의 사랑이 어찌 그 속에 거할까 보냐?" 요일 3:17.

하나님의 사랑은 우주의 큰 실체 가운데 하나이며, 세상의 희망을 떠받치는 기둥이다. 그러나 하나님의 사랑은 인격적이며 친밀하기도 하다. 하나님은 대중이 아닌 사람들을 사랑하신다. 하나님은 시작도 없고 끝도 없는 큰 사랑으로 우리를 사랑하신다.

그리스도인의 체험에는 기독교를 다른 모든 종교와 구분하며, 기독교를 가장 순수하고 고상한 철학보다 훨씬 더 높여 주는 사랑의 노래가 있다. 이것은 단순한 노래가 아니라, 하나님이 그분의 교회 가운데 그분의 백성을 향해 친히 부르는 노래다. 진정한 그리스도인의 기쁨은 하나님의 사랑의 노래에 마음으로 화답하는 것이다.

> 감춰진 하나님의 사랑, 그 높이, 그 깊이
> 알 길 없으니, 아무도 모르도다.
> 저 멀리 당신의 아름다운 빛이 보이니
> 나 당신이 주시는 안식을 사모하도다.
> 내 마음 고통 받으나 안식할 수 없네
> 당신 품에서 안식을 찾을 때까지.
> ―게르하르트 테르슈테겐

The Holiness of God 거룩 : **21**장

거룩한 존재는
하나님 한 분뿐이다

높이 계신 하나님께 영광을 돌립니다. 당신의 큰 영광 때문에, 당신을 찬미하고 송축하며 예배합니다. 하나님, 내게는 너무 놀라워 알지 못하는 것을 말했습니다. 당신에 대해 귀로 들었으나 이제는 내 눈이 당신을 보니 티끌과 재 가운데 앉아 나를 탄식하나이다. 하나님, 손으로 내 입을 가리겠습니다. 내가 한두 번 말하였으나 더 이상 입을 열지 않겠습니다.

그러나 내가 묵상하는 동안 불이 타올랐습니다. 하나님, 나는 당신을 말하지 않을 수 없습니다. 내가 침묵하면 이 세대를 사는 당신의 자녀들에게 죄를 짓게 되기 때문입니다. 보십시오! 당신은 세상의 미련한 자들을 택하여 지혜로운 자들을 부끄럽게 하시고, 세상의 약한 자들을 택하여 강한 자들을 부끄럽게 하셨습니다. 하나님, 나를 버리지 마소서. 내가 이 세대에게 당신의 힘을 보이고, 다음 세대에게 당신의 능력을 보이게 하소서. 당신의 교회에 당신의 영광을 드높이며 전능한 성령을 통해 당신의 백성에게 거룩을 아는 지식을 회복시킬 예언자들과 선견자들을 일으키소서. 아멘.

하늘의 높은 뜻과 우리 사이에 깊은 단절이 생기면서 우리의 본성 전체에 영향을 미치는 영구적 상처가 생겼다. 그래서 우리 자신은 물론 우리 환경도 병들었다.

이사야는 하나님의 거룩에 관한 혁명적인 환상을 보았을 때, 자신의 개인적 부패를 갑작스럽게 깨달았다. 마치 하늘에서 무엇인가가 떨리는 그의 마음을 내리치는 것 같았다. 그는 고통스러워하며 외쳤다. "화로다 나여 망하게 되었도다. 나는 입술이 부정한 사람이요, 나는 입술이 부정한 백성 중에 거하면서 만군의 여호와이신 왕을 뵈었음이로다" 사 6:5.

이것은 가면 속의 자신을 발견하고 순백처럼 깨끗한 하나님의 거룩을 대면한 모든 사람의 느낌을 대변한다. 이러한 체험은 정서적으로 강렬할 수밖에 없다.

하나님이 우리를 보시듯이 우리가 자신을 볼 때까지, 우리 주변 환경이 극도로 심각해지지 않는 한 주변 환경으로 인해 그렇게 불안해하지 않는다. 게다가 부정(unholiness)과 더불어 사는 법을 배웠으며, 부정을 자연스럽고 당연하다고 보게 되었다. 선생들에게서 진리를, 정치가들에게서 신실함을, 상인들에게서 정직을, 친구들에게서 신뢰를 발견하지 못하더라도 실망하지 않는다. 계속 살아 남기 위해, 동료 인간들로부터 자신을 보호하는 데 필요한 법을 만들지만 이 정도에서 그친다.

나 역시 그리고 지금 당신도 하나님의 거룩을 제대로 알 길이 없다. 말 그대로, 우리 마음의 사막에 우리의 큰병을 치료할 진리의 물이 흐르도록 새로운 수로를 뚫어야 한다. 매우 깨끗한 사람 혹은 사물을 생각하고, 거기서 얻은 개념을 가능한 가장 높은 수준으로 끌어올리는 방식으로는 하나님의 거룩의 참 뜻을 파악하지 못한다.

하나님의 거룩은 단순히 우리가 무한히 더 좋아졌다고 아는 최선(the best)이 아니다. 우리는 하나님의 거룩을 알 길이 없다. 하나님의 거룩은 우리와 떨어져 있으며, 유일무이하며, 접근이 불가능하며, 이해가 불가능하며, 획득이 불가능하다. 자연인은 하나님의 거룩을 알지 못한다. 그는 하나님의 능력을 두려워하며 그분의 지혜에 감탄할 수는 있겠지만 하나님의 거룩은 상상조차 못한다.

오직 거룩한 분의 성령만이 인간의 영에 거룩을 아는 지식을 줄 수 있다. 그러나 전기가 전도체를 통해서만 흐르듯이, 성령도 진리를 통해서만 흐르며, 따라서 성령께서 마음을 조명하려면 먼저 그 마음에서 어느 정도의 진리를 보셔야 한다. 믿음은 진리의 소리에만 깨어날 뿐 다른 소리에는 반응하지 않는다. "믿음은 들음에서 나며 들음은 그리스도의 말씀으로 말미암았느니라" 롬 10:17.

신학 지식은 성령께서 인간의 마음에 들어오시게 하는 매개체다. 그러나 진리가 믿음을 낳으려면 먼저 겸손히 회개해야 한다. 하나님의 영은 진리의 영이다. 마음에 성령이 없어도 어느 정도의 진리를 가질 수는 있지만, 진리가 없이는 성령을 절대로 소유하지 못한다.

루돌프 오토(Rudolf Otto)는 거룩을 깊이 연구하면서 인간의 마음에는 그가 '누미누스'(numinous)라고 이름 붙인 무엇이 있다고 강하게 주장한다. 그는 누미누스라는 개념을 사용해 세상에는 모호하고 이해하지 못할 무엇(Something)이, 우주를 에워싸고 품는 경외로운 신비 곧 미스테리움 트레멘둠(Mysterium Tremendum)이 있다고 밝혔다. 이 두려운 신비는 그것(an It)이며, 두려운 사물(an awful Thing), 절대로 지적으로 인식이 불가능하며 인간의 영혼의 깊은 곳에서만 감지되고 느껴진다. 이것은 영구적인 종교적 본능으로, "창조 세계의 혈관을 통해 빠르게 흐르며" 때로는 초자연적이며 초이성적으로 자신을 나타냄으로써 지성을 깜짝 놀라게 하는, 이름 없고 발견할 수도 없는 존재에 대한 느낌으로 남아 있다. 따라서 이러한 신비와 대면한 인간은 주저앉고 압도되며, 떨고 침묵할 뿐이다.

이러한 비이성적 두려움, 세계 속에 존재하는 창조되지 않은 신비에 대한 느낌은 모든 종교의 근간이다. 성경의 참 종교뿐 아니라 벌거벗고 사는 부족의 가장 하등한 형태의 정령숭배가 존재하는 이유는 이러한 기본적 본능이 인간의 본성에 있기 때문이다. 물론 이사야나 바울 같은 사람의 종교와 정령숭배자의 종교가 다른 점은 전자는 진리가 있고 후자는 없으며 '누미누스' 본능밖에 없다는 것이다. 정령숭배자는 알지 못하는 하나님을 "더듬어 찾으나"(feels after) 이사야 바울 같은 사람은 영감된 성경에 나타난 하나님의 자기 계시를 통해 참 하나님을 발견했다.

신비에 대한 느낌은, 위대한 신비(Great Mystery)에 대한 느낌이라도 인간 본성의 기본이며 종교적 신앙에 없어서는 안 되지만, 이것만 으로는 부족하다. 이러한 신비 때문에 인간은 "저 경외로운 것"(That awful Thing)이라고 속삭일지는 모르지만 "나의 거룩한 이시여!"(Mine Holy One, 합 1:12)라고 외치지는 않는다.

히브리 성경과 기독교 성경에서 하나님은 자신을 계시하시며, 그 계시에 인격성과 도덕적 내용을 더하신다. 이 경외로운 존재(awful Presence)는 사물(a Thing)이 아니라 진정한 인격체의 따뜻한 품성을 모두 가진 도덕적 존재(a moral Being)로 나타난다. 그뿐 아니라, 그분은 도덕적으로 절대적으로 뛰어나며, 의와 깨끗함과 정직과 거룩에서 무한하고 완전하신 분이다. 이 모두에 있어 그분은 창조되지 않으셨고, 자족하시며, 인간의 생각이나 표현 능력을 초월하신다.

성경에 나타난 하나님의 자기 계시와 성령의 조명을 통해, 그리스도인은 전부를 얻으며 그 무엇도 잃지 않는다. 그의 하나님 개념에는 인격성과 도덕성이라는 쌍둥이 개념이 덧붙여지지만 세상에 가득한 신비의 존재 앞에서 본래의 경이감과 두려움은 그대로 남는다. 오늘 그의 마음은 기쁨에 젖어 "아빠, 아버지, 나의 주 나의 하나님!" 이라고 외친다. 내일 그는 기뻐 떨며 무릎을 꿇고, 영원히 계시는 높고 높은 분을 찬미하며 경배할 것이다.

거룩은 하나님의 존재 방식이다. 하나님은 거룩하기 위해 어떤 기준에 따르시는 게 아니다. 하나님 자신이 기준이다. 하나님은 무한하고 이해를 초월하는 깨끗함으로 충만하며, 그러지 않으실 수 없는 절대적으로 거룩한 분이다. 하나님은 거룩하시기 때문에 그분의 속성도 거룩하다. 다시 말해, 우리가 하나님께 속했다고 생각하는 것은 무엇이든 거룩하다고 생각해야 한다.

하나님은 거룩하시며, 거룩을 자신이 창조하신 우주의 건강에 도덕적 필수 조건으로 삼으셨다. 죄가 세상에 일시적으로 존재한다는 사실은 이것을 강조할 뿐이다. 거룩한 모든 것은 건강하다. 악은 결국 죽음으로 끝나는 도덕적 병이다. 언어의 형성 자체가 이것을 암시하는데, 영어의 거룩한(holy)이라는 단어는 '건강한, 온전한'(well, whole)을 의미하는 할리즈(halig), 할(hal)이라는 앵글로 색슨어에서 파생했다.

하나님은 무엇보다 이 우주가 도덕적으로 건강하기를 바라신다. 즉 거룩하기를 바라신다. 그러므로 여기에 반(反)하는 모든 것은 하나님의 영원한 진노의 대상이 될 수밖에 없다. 자신의 창조세계를 보존하기 위해, 그 세계를 파괴하는 것은 무엇이든 파괴하셔야 한다. 하나님은 죄악을 밟으시고 세상을 불치(不治)의 도덕적 붕괴로부터 구해 내려고 일어나실 때 진노하신다. 세상의 역사에서 일어나는 모든 진노의 심판은 거룩한 보존을 위한 행위다. 하나님의 거룩, 하나님의 진노, 창조 세계의 건강은 불가분의 관계다. 하나님의 진노는 타락시키고 파괴하는 모든 것에 대해 하나님이 끝까지 참지 않으신다는 뜻이다. 어머니가 아이의 생명을 앗아 가는 소아마비를 미워하듯이 하나님은 죄악을 미워하신다.

하나님의 거룩은 측량할 수 없는 절대적 거룩이며, 하나님은 이러한 절대적 거룩을 그분의 피조물과 나누지 못하신다. 그러나 하나님이 하늘의 천사들과 스랍들과 나누시며 땅 위의 구속 받은 자들과 나누시는(천국에 대한 준비로) 상대적이며 조건적인 거룩이 있다. 하나님은 이러한 거룩을 그분의 자녀들에게 주실 수 있으며, 또한 주신다.

하나님은 전가(轉嫁, imputation)와 분여(分與, impartation)를 통해 이러한 거룩을 그분의 자녀들과 공유하신다. 그리고 하나님은 그분의 자녀들이 어린 양의 피를 통해 이러한 거룩에 이를 수 있게 하셨기 때문에, 이들에게 이러한 거룩을 요구하신다.

하나님은 먼저 이스라엘에게, 후에는 그분의 교회에게 "내가 거룩하니 너희도 거룩할지어다"라고 말씀하셨다[벧전 1:16]. 하나님은 "내가 거룩한 만큼 너희도 거룩하라"고 말씀하지 않으셨다. 왜냐하면 이것은 우리에게 절대적인 거룩, 하나님께만 속한 거룩을 요구하는 일이기 때문이다. 하나님의 거룩이라는 창조되지 않은 불 앞에서, 천사들도 얼굴을 가린다. 그렇다. 하나님 앞에서는 하늘도 깨끗하지 않으며, 별들도 정결하지 못하다. 정직한 사람이라면 누구라도 "나는 거룩하다"라고 말하지 못하며, "모든 사람으로 더불어 화평함과 거룩함을 좇으라. 이것이 없이는 아무도 주를 보지 못하리라"[히 12:14]는 영감된 성경 저자의 엄숙한 말을 무시하지 않을 것이다.

이와 같은 딜레마에 처한 우리 그리스도인들은 어떻게 해야 하는가? 모세처럼 하나님을 흘끗 보는 동안 믿음과 겸손으로 자신을 가려야 한다. 누구도 하나님을 보면 살아 남지 못하기 때문이다. 하나님은 상하고 통회하는 마음을 멸시하지 않으신다시 51:17. 모세가 하나님의 영광이 지나가는 동안 바위틈에 숨었듯이, 우리는 우리의 더러움을 그리스도의 상처에 숨겨야 한다. 하나님을 피하여 하나님 안에 숨어야 한다. 무엇보다도 우리가 하나님의 거룩에 참여할 수 있도록 우리를 단련하고 징계하며 깨끗하게 하시는 동안 하나님은 그분의 아들 안에서 우리를 완전하다고 보신다는 사실을 믿어야 한다.

믿음과 순종으로, 하나님의 거룩에 대한 지속적인 묵상으로, 의를 사랑하고 죄악을 미워함으로써, 거룩한 성령과 더 깊이 사귐으로써, 땅 위 성도들과의 사귐에 익숙해지고 위에서 누릴 하나님과 성도들과의 영원한 교제를 준비할 수 있다. 이렇게 되면 장차 우리가 들어갈 천국이 우리 가운데 있을 것이다.

오, 영원하신 주님!
당신의 영원한 날들이 얼마나 놀라운지요.
엎드린 영들이 밤낮으로
쉬지 않고 찬미하나이다!

당신의 모습이
얼마나 아름답고 아름다운지요!
당신의 지혜는 끝이 없고,

당신의 능력은 무한하며

당신의 깨끗함은 경외롭나이다!

살아 계신 하나님!

가장 깊지만 가장 부드러운 두려움으로,

당신을 경외합니다.

떨리는 소망으로

참회의 눈물로

당신을 예배합니다.

―프레드릭 파버

22장 : 주권 The Sovereignty of God

하나님의 주권 아래 자유를 누린다

지극히 높고 경외로운 만군의 주 하나님, 누가 당신을 두려워하지 않겠습니까? 당신은 홀로 주님이기 때문입니다. 당신은 하늘과 하늘들의 하늘을 지으셨고, 땅과 땅 위의 만물을 지으셨고, 모든 생물의 생명이 당신 손에 있기 때문입니다.

당신은 큰 물 위에 왕으로, 영원히 왕으로 좌정해 계십니다. 당신은 온 땅의 큰 왕이십니다. 당신은 능력으로 옷 입으시며, 당신 앞에 존귀와 위엄이 있습니다. 아멘.

주권(sovereignty)은 하나님의 속성이며, 하나님은 모든 창조 세계를 주권으로 다스리신다. 그리고 주권적인 하나님은 전지하며, 전능하며, 절대적으로 자유로우셔야 한다. 그 이유는 다음과 같다.

아무리 작더라도 하나님이 모르는 지식이 하나라도 있다면, 하나님의 통치는 즉시 무너지고 만다. 모든 창조 세계의 주(Lord)이려면, 모든 것을 다 알아야 한다. 아무리 작더라도 하나님의 능력에서 부족한 부분이 있다면, 그 부족함 때문에 하나님의 통치는 끝나고 그분의 나라는 무너진다. 다시 말해, 길 잃은 원자 하나의 능력이 다른 누군가에게 속하게 되며, 하나님은 제한된 통치자가 되고 따라서 주권적이지 않게 되는 것이다.

더욱이 하나님의 주권은 하나님이 절대적으로 자유로울 것을 요구한다. 하나님이 언제 어디서든 그분의 영원한 목적을 이루기 위해 자신이 뜻하는 모든 것을 방해받지 않고 행할 자유가 있어야 한다는 뜻이다. 하나님이 자유롭지 못하다는 것은 주권적이지 못하다는 의미이기 때문이다.

무조건적 자유라는 개념을 이해하려면 지적으로 매우 많은 탐구를 해야 한다. 인간은 자유를 불완전한 형태로밖에 이해하지 못한다. 우리의 자유 개념은 절대적 자유가 존재하지 않는 세계에서 형성되었기 때문이다. 이 세계에서 각각의 자연 개체는 다른 많은 개체에 의존하며, 이러한 의존 때문에 그 개체의 자유는 제한될 수밖에 없다.

워즈워드(Wordsworth)는 〈서곡, Prelude〉이라는 시에서 자신이 오랫동안 갇혀 있던 도시에서 벗어나 "이제 자유하며, 새처럼 자유로워 원하는 곳에 머물 수 있음을" 기뻐했다. 그러나 새처럼 자유로운 것은 전혀 자유로운 게 아니다. 과학자들은 우리가 자유롭다고 생각하는 새가 사실은 평생 두려움과 굶주림과 본능의 새장에 갇혀 산다는 사실을 안다. 새는 기상 조건, 기압 변화, 먹이 공급, 포식자에 의해 제약받으며, 모든 속박 가운데 가장 이상한 것, 즉 조류 집단에 의해 할당된 좁은 땅이나 하늘에 머물러야 하는 저항할 수 없는 강제력에 의해 제약받는다. 가장 자유로운 새도 다른 피조물과 더불어 필요라는 그물에 끊임없이 갇힌다. 오직 하나님만이 자유로우시다.

하나님이 절대적으로 자유로운 이유는 그 누구도, 그 무엇도 그분을 막거나 멈추거나 그분에게 강요하지 못하기 때문이다. 하나님은 언제 어디서나, 영원히 자신이 원하는 대로 하실 수 있다. 이렇게 자유롭다는 것은 하나님이 보편적 권위가 있으셔야 한다는 뜻이기도 하다. 우리는 하나님에게 무한한 능력이 있다는 사실을 성경을 통해, 그리고 그분의 다른 속성들에서 유추할 수 있다.

그분의 권세(authority)는 어떤가? 전능하신 하나님의 권세에 대해 묻는 것조차 의미 없어 보이며, 하나님의 권세에 대한 물음조차 불합리해 보인다. 만군의 주 하나님이 누군가의 허락을 요청하셔야 하거나 무엇인가를 더 높은 존재에게 적용하셔야 한다는 것을 상상할 수 있는가? 그렇다면 하나님이 누구에게 허락을 구하시겠는가? 누가 가장 높으신 분보다 더 높겠는가? 누가 전능하신 분보다 더 강하겠는가? 누가 영원하신 분보다 먼저 있었겠는가? 하나님이 누구의 보좌 앞에 무릎을 꿇으시겠는가? 하나님이 찾아가 호소하셔야 하는 더 큰 존재는 어디 있는가?

"이스라엘의 왕인 여호와, 이스라엘의 구속자인 만군의 여호와가 말하노라. 나는 처음이요 나는 마지막이라. 나 외에 다른 신이 없느니라" 사 44:6.

하나님의 주권은 성경에 굳건히 확립되어 있고, 진리의 논리가 크게 선포하는 사실이다. 그러나 널리 인정하듯이, 하나님의 주권은 지금까지 만족스럽게 해결되지 못한 몇 가지 문제를 낳았다.

첫째는 창조 세계에 악, 고통, 죽음처럼 하나님이 인정하지 못할 것들이 존재한다는 사실이다. 하나님이 주권적이라면 이것들이 존재하지 않도록 막으실 수 있었을 것이다. 그런데 왜 하나님은 그러지 않으셨는가?

성경 밖의 큰 종교들 가운데 가장 고상한 조르아스트교(Zorastrainism)의 경전 「젠드-아베스타」(Zend-Aavesta)는 신학적 이원론(二元論, dualism)을 제시함으로써 이러한 어려움을 깔끔하게 해결한다. 오르마즈드(Ormazd)와 아리만(Ahriman)이라는 신이 있었는데, 이 둘이 세상을 창조했다. 선의 신 오르마즈드는 모든 선한 것을 창조했고, 악의 신 아리만이 나머지를 창조했다. 아주 간단했다. 오르마즈드는 걱정할 주권이 없었고, 자신의 특권을 공유하길 꺼리지 않았던 게 분명하다.

그리스도인에게는 이러한 설명이 통하지 않는다. 왜냐하면 이러한 설명은 성경 전체가 강하게 가르치는 진리, 즉 하나님은 한 분이시며 하나님이 홀로 하늘과 땅과 그 속의 만물을 창조하셨다는 진리와 분명하게 모순되기 때문이다.

하나님의 속성들은 다른 하나님의 존재를 불가능하게 한다. 그리스도인은 자기 앞에 놓인 악의 수수께끼에 대한 최종적 해답이 자신에게 없다는 사실을 인정한다. 또한 젠드-아베스타도 해답을 갖고 있지 않다는 사실을 안다. 그러나 그리스도인은 무엇이 해답이 아닌지는 안다.

죄의 기원을 완전히 설명할 길이 없지만 몇 가지는 안다. 하나님은 자신의 주권적인 지혜로 악이 창조 세계의 제한된 영역에서 존재하도록, 활동 및 그 범위에 제한을 두셨다. 하나님은 자신의 무한한 지혜와 선하심을 따라 이렇게 하셨다. 현재로서는 그 누구도 그 이상은 알지 못한다. 그 이상은 알 필요도 없다. 하나님의 이름은 그분의 행위가 완전함을 보증하기에 충분하다.

하나님의 주권 교리가 일으키는 또 하나의 어려운 문제는 인간의 의지와 관련이 있다. 하나님이 주권적 명령으로 자신의 우주를 다스린다면, 어떻게 인간의 자유로운 선택이 가능한가? 그리고 인간이 자유로운 선택을 하지 못한다면 어떻게 그의 행동에 대한 책임을 그에게 돌릴 수 있는가? 그의 행동은 뒤에서 끈을 마음대로 조종하는 하나님에 의해 결정되며, 따라서 그는 꼭두각시에 불과하지 않은가?

이러한 질문에 대답하려는 시도는 교회를 두 진영으로 분명하게 갈라 놓았다. 각 진영은 자신들을 대표하는 뛰어난 신학자 야코부스 알미니우스(Jacobus Arminius)와 장 칼뱅(John Calvin)의 이름을 따라 불린다. 대부분의 그리스도인들은 둘 가운데 한쪽에 속함으로써 하나님의 주권과 인간의 자유 의지 가운데 한쪽을 부정하는 데 만족한다. 그러나 비록 각 진영의 열성적 지지자들에게는 부족해 보이겠지만, 어느 한쪽도 해치지 않으면서 두 입장을 화해시키는 게 가능해 보인다.

나의 견해는 이렇다. 하나님은 인간이 자유롭게 도덕적 선택을 하도록 주권적으로 선포하셨다. 그리고 인간은 처음부터 선과 악 사이에서 선택함으로써 이러한 하나님의 선포를 실행에 옮겼다. 인간은 악을 행하기로 선택할 때 하나님의 주권적 의지를 무효화하는 게 아니라 오히려 실현한다. 영원한 선포가 인간이 어느 쪽을 선택해야 하느냐가 아니라 자유롭게 선택해야 한다는 것을 결정했다면 그렇다는 말이다.

자신의 절대적 자유로 하나님이 인간에게 제한된 자유를 주기로 하셨다면, 누가 그분을 막고 "무엇을 하십니까?"라고 말할 수 있겠는가? 인간의 의지가 자유로운 이유는 하나님이 주권적이시기 때문이다. 주권적이지 못한 하나님은 자신의 피조물에게 도덕적 자유를 주지 못할 것이다. 그러길 두려워할 것이다.

예를 들어 한 여객선이 뉴욕을 떠나 리버풀로 향한다. 여객선의 목적지는 관계 당국에 의해 미리 결정되었다. 그 무엇도 여객선의 목적지를 바꾸지 못한다. 이것이 주권을 설명하는 희미한 그림이 될 수 있다.

배에는 수백 명의 승객이 있다. 이들은 사슬에 매여 있지 않으며, 법령에 의해 행동의 제약을 받지도 않는다. 이들은 완전히 자유로우며 원하는 대로 움직일 수 있다. 자신이 원하는 대로 먹고, 자고, 놀고, 갑판을 거닐고, 책을 읽고, 이야기를 나눈다. 그러나 이들이 이렇게 하는 동안에도 여객선은 이들을 미리 결정된 항구로 조금씩 더 가까이 데려가고 있다.

배에는 자유도 있고 주권도 있지만 둘은 충돌하지 않는다. 나는 인간의 자유와 하나님의 주권도 이와 같다고 믿는다. 하나님의 주권적 계획이라는 강력한 여객선은 역사의 바다에서 꾸준히 항해하고 있다. 하나님은 치우치거나 방해를 받지 않으신 채 세상이 시작되기 전에 그리스도 예수 안에서 자신이 정하신 영원한 목적을 향해 나아가고 계신다. 우리는 그 목적에 포함된 전부를 알지는 못한다. 그러나 우리에게 다가올 일들에 대한 폭넓은 윤곽을 제공하고 미래의 행복에 대한 선한 소망과 확신을 주기에 충분할 만큼은 알려졌다.

하나님은 선지자들에게 하신 모든 약속을 이루실 것이다. 어느 날 죄인들은 세상에서 제거될 것이다. 구속받은 사람들이 하나님의 기쁨에 참여하며, 의로운 사람들이 아버지의 나라에서 빛나리라. 하나님의 완전하심이 우주적인 갈채를 받으며, 창조된 모든 지성이 주 예수 그리스도께 하나님 아버지의 영광을 돌릴 것이다. 불완전한 질서는 사라지고 새 하늘과 새 땅이 영원히 서리라.

이 모든 것을 향해, 하나님은 무한한 지혜와 한 치의 오차도 없는 완전한 행동으로 나아가고 계신다. 그 누구도 하나님이 그분의 목적을 단념하게 하지 못한다. 그 무엇도 하나님이 그분의 계획을 포기하게 하지 못한다. 하나님은 전지하시기 때문에 그분이 미리 알지 못하는 환경이란 있을 수 없으며, 우연도 있을 수 없다. 하나님은 주권적이시기 때문에 그분의 명령은 취소될 수 없으며, 그분의 권세도 꺾일 수 없다. 하나님은 전능하시기 때문에, 그분이 스스로 선택한 목적을 이룰 능력이 부족한 일은 있을 수 없다. 하나님은 이 모든 것에 대해 자족(self-sufficient)하시다.

하지만 실제 상황은 설명처럼 그렇게 녹록치 않다. 죄악의 신비가 이미 일하고 있다. 하나님의 주권적이며 허용적인 의지의 넓은 영역 내에서, 선과 악의 충돌이 점점 거세지고 있다. 하나님은 폭풍과 돌풍 가운데서도 자신의 길을 가시겠지만 폭풍과 돌풍이 여기 있으며, 우리는 책임 있는 존재로서 현재의 도덕적 상황에서 선택을 해야 한다.

어떤 것들은 하나님의 자유로운 결단으로 선포되었는데, 그 가운데 하나가 선택과 결과의 법칙이다. 하나님은 누구든지 순종의 믿음 가운데 그분의 아들 예수 그리스도께 자신을 맡기는 자는 영생을 얻고 하나님의 아들이 되리라고 선포하셨다. 하나님은 또한 누구든지 어둠을 사랑하고 하늘의 높은 권세를 계속 거역하는 자는 영적으로 소외당하며, 마침내 영원한 죽음을 맞으리라고 선포하셨다.

모든 문제를 개인적인 차원으로 축소해 보면, 중요하고 매우 개인적인 몇 가지 결론에 이르게 된다. 현재 우리 주변에서 일어나는 도덕적 갈등 속에서, 누구든지 하나님의 편에 서는 자는 승리의 편에 서는 자이며 절대로 패배하지 않는다. 누구든지 반대편에 서는 자는 패배의 편에 서는 자이며 절대로 승리하지 못한다. 여기에 우연이나 도박이란 없다. 어느 쪽에 설지 선택할 자유는 있지만, 일단 선택을 내리면 그 결과에 대해 협상할 자유는 없다. 하나님의 자비로, 우리는 잘못된 선택을 회개하고 새롭고 바른 선택을 함으로써 결과를 바꿀 수는 있다.

도덕적 선택의 모든 문제는 예수 그리스도에 집중된다. 그리스도께서는 "나와 함께 아니하는 자는 나를 반대하는 자요"마 12:30, "나로 말미암지 않고는 아버지께로 올 자가 없느니라"고 분명하게 말씀하셨다마 14:6.

복음의 메시지는 알림(announcement)과 명령(command)과 요구(call)라는 세 요소를 구체화한다. 복음의 메시지는 자비로 성취된 구속의 기쁜 소식을 알린다. 복음의 메시지는 세상 모든 사람에게 회개하라고 명령한다. 예수 그리스도를 주와 구주로 믿음으로써 은혜에 자신을 맡기라고 모든 사람을 부른다.

우리는 모두 복음에 순종할지 아니면 불신앙을 보이며 등을 돌리고 복음의 권위를 거부할지를 선택해야 한다. 선택은 우리 몫이지만 선택의 결과는 하나님의 주권적 의지로 이미 결정되었고 여기에 대한 항변은 있을 수 없다.

주님이 내려오실 때

지극히 높은 하늘이 그 앞에 엎드렸으며,

그분의 발 아래

검은 구름이 깔렸도다.

주님이 왕으로

그룹들과 스랍들을 타셨고,

강한 바람 날개로

온 사방을 날아 다니셨다.

주님이 큰 물 위에 가만히 앉으시니

거센 물결이 잔잔해졌도다.

주님이 주권적인 왕으로

영원히 통치하시리라.

―시편 의역, 토마스 스턴홀드(Thomas Sternhold)

the Holy

A.W. TOZER

결론
:하나님을 바로 알자:

하나님을 아는 기쁨

공개된 비밀, 하나님을 알라

23장 : The Open Secret
공개된 비밀,
하나님을 알라

　영원의 시각에서 보면, 교회가 오랜 바벨론 포로 생활에서 돌아오고 하나님의 이름이 옛날처럼 교회 가운데 영화롭게 되는 것이 지금 가장 절실히 필요한 일이라고 해도 좋겠다. 그러나 우리는 교회를 이름 모를 몸으로, 신비로운 종교적 추상(抽象)으로 생각해서는 안 된다. 우리 그리스도인들이 교회이며, 우리가 하는 모든 일이 교회가 하는 것이다. 그러므로 문제는 우리 각자의 몫인 것이다. 앞으로 나아가는 교회의 모든 발걸음은 개인에게서 시작되어야 한다.

　평범한 우리 그리스도인들이 떠나 버린 영광을 회복하기 위해 무엇을 할 수 있는가? 우리가 배워야 할 비결이라도 있는가? 우리가 현재 상황에, 우리 자신의 상황에 적용할 수 있는 개인적 부흥의 공식이라도 있는가? 이러한 질문들에 대한 답은 "그렇다"이다.

그러나 그 답에 어떤 사람들은 쉽게 실망할 것이다. 왜냐하면 그 답이란 게 결코 심오하지 않기 때문이다. 나는 난해한 암호를 제시하지 않으며, 힘들게 해독해야 하는 신비한 법을 제시하지도 않는다. 무의식 세계의 숨겨진 법칙이나 소수에게만 의미 있는 밀교(密敎)의 지식에 호소하지 않는다. 그 비결은 오래되었지만 언제나 새로운 조언일 뿐이다.

하나님을 알라.

교회가 잃어버린 능력을 되찾으려면 하늘이 열리는 것을 보며, 변화를 일으키는 하나님의 환상을 보아야 한다.

그러나 우리가 보아야 하는 하나님은 사업을 성공으로 이끌어 모든 인간에게 부추김과 아첨을 받는 그런 하나님이 아니다. 우리가 반드시 알아야 하는 하나님은 하늘에 계신 존엄하신 분이며, 전능하신 하나님 아버지이며, 하늘과 땅의 창조자이며, 유일하시며 우리의 구원자이신 지혜의 하나님이다.

하나님은 땅 위 궁창에 앉으시고, 하늘을 휘장으로 삼아 펼치시고 거주할 천막같이 치시는 분이며 사 40:22, 위대한 능력으로 하늘의 수많은 별들을 다 세시며, 그들의 이름을 다 부르시는 분이며, 인간의 수고를 헛되다고 보시는 분이며, 방백들을 신뢰하지 않으시고 왕들에게 조언을 구하지 않으시는 분이다.

이러한 존재에 대한 지식은 연구만으로 얻을 수 있는 게 아니다. 이러한 지식은 영적으로 분별되기 때문에 자연인이 전혀 모르며 알 길도 없는 지혜를 통해 온다.

하나님을 아는 일은 세상에서 가장 쉬운 동시에 가장 어렵다. 하나님을 아는 일이 세상에서 가장 쉬운 이유는 하나님을 아는 지식이 힘든 정신적 수고를 통해 얻어지지 않고 거저 주어지기 때문이다. 햇볕이 대지를 거저 비추듯이 거룩한 하나님을 아는 지식도 받으려고 마음을 여는 사람들에게 주어지는 값없는 선물이다. 그러나 하나님을 아는 지식을 얻기 어려운 이유는 충족시켜야 할 조건이 있지만 타락한 인간의 완고한 본성이 그 조건을 쉽게 받아들이지 않기 때문이다.

성경이 가르치며, 시대를 내려오면서 세상이 아는 가장 거룩하고 아름다웠던 성도들이 거듭 가르친 조건들을 간략하게 요약해서 제시해 보겠다.

첫째, 자신의 죄를 버려야 한다. 악한 생활에 젖은 인간이 거룩한 하나님을 알 길이 없다는 믿음은 기독교 신앙에서 처음 생겨난 게 아니다. 기독교보다 훨씬 오래된 히브리 저작 「솔로몬의 지혜서」(The Wisdom of Solomon)에는 다음과 같은 구절이 나온다.

"정의를 사랑하라. 너희 세상을 다스리는 자들이여! 선한 마음으로 주님을 생각하고, 순수한 마음으로 주님을 찾아라. 주님은 그분을 시험하지 않는 자에게 나타나시며, 그분을 의심하지 않는 자에게 자신을 드러내시기 때문이다. 옳지 않은 생각을 품은 자들은 하나님으로부터 멀어지고, 전능하신 분을 시험하려는 어리석은 자는 화를 당한다. 지혜는 간악한 마음에 들어가지 않으며, 죄로 사로잡힌 몸에 머물지 않는다. 우리를 훈련하시는 성령께서 거짓을 물리치시고, 깨달음이 없는 생각을 멀리하시며, 불의한 마음에 거하지 않으시기 때문이다."

똑같은 사상이 영감된 성경 전체에 다양한 말로 나타난다. 그 가운데 가장 잘 알려진 구절은 "마음이 청결한 자는 복이 있나니 저희가 하나님을 볼 것임이요"라는 그리스도의 말씀일 것이다.마 5:8.

둘째, 믿음으로 삶을 그리스도께 완전히 맡겨야 한다. "그리스도를 믿는다"는 말이 바로 이런 뜻이다. 범사에 그리스도께 순종하려는 확고한 목적이 있다면, 자발적으로 그렇게 해야 한다. 이를 위해 우리는 그리스도의 계명을 지키고, 자신의 십자가를 지며, 하나님과 이웃을 사랑해야 한다.

셋째, 우리 자신을 그리스도 예수 안에서 죄에 대해 죽고 하나님에 대해 산 자로 여기고, 뒤이어 성령께서 들어오시도록 자신을 완전히 열어야 한다. 그런 다음 성령 안에서 행하며, 육체의 정욕을 이기는 데 필요한 모든 자기 훈련을 해야 한다.

넷째, 타락한 세상의 값싼 가치관을 과감하게 거부하고, 불신자들이 마음을 두는 모든 것에서 마음을 완전히 멀리해야 하며, 하나님이 의로운 자와 불의한 자에게 똑같이 허락하시는 자연을 가장 단순하게 누려야 한다.

다섯째, 하나님의 위엄에 대한 긴 사랑의 묵상을 실천해야 한다. 이렇게 하려면 상당한 노력이 필요하다. 왜냐하면 위엄의 개념이 인류에게서 거의 사라졌기 때문이다. 인간은 이제 자신에게 관심의 초점을 맞춘다. 다양한 형태의 인본주의(humanism)가 삶을 이해하는 열쇠로서 신학을 대신해 버렸다.

19세기 시인 스윈번(Swinburne)이 "인간이 만물의 주인이니, 지극히 높은 곳에서는 인간에게 영광이로다!"라고 썼을 때, 그는 현대 세계에 새로운 테 데움(Te Deum, "주님, 당신을 찬미합니다"라는 뜻의 가톨릭 미사곡)을 주었다. 이 모두가 의지의 의도적 행위를 통해 역전되어야 하며, 그 상태로 유지하기 위해 지적으로 끊임없이 노력해야 한다.

하나님은 인격적인 존재이시므로, 그 놀라운 일을 위해 마음의 준비를 하면 할수록 그분의 심령은 점점 더 친밀하게 느껴질 것이다. 성경을 두른 영광이 우리의 내적인 삶을 비출 때, 하나님에 대한 이전의 믿음을 버리지 않을 수 없다. 또한 복음 교회들 사이에서 생명 없는 원문 연구에 몰두해 있는데, 이 또한 어서 버려야 한다.

이외에도 기독교로 통하는 어리석은 많은 부분에 맞서야 한다. 이렇게 함으로써 한동안 친구를 잃으며, 독선적이라는 평판을 들을지 모른다. 그러나 이것이 두려워 옳은 선택을 내리지 못한다면 그 또한 하나님 나라에 합당하지 않다.

여섯째, 하나님을 아는 지식이 더 놀라워지면서 이웃을 위해 더 많이 봉사해야겠다는 마음을 품어야 한다. 하나님을 아는 복된 지식은 우리만 누리도록 주신 게 아니다. 하나님을 더 완전하게 알수록 새로 발견한 지식을 고통당하는 사람들을 향한 자비의 행동으로 해석해 내려는 갈망을 더 강하게 느낀다. 우리에게 모두 주신 하나님은 우리가 그분을 더 잘 알아 갈 때 우리를 통해 계속해서 모두 주실 것이다.

지금까지 개인과 하나님의 인격적 관계를 살펴보았다. 그러나 한 사람의 오른손에 들린 향유가 향기 때문에 "자신을 드러내듯이" 하나님을 아는 모든 깊은 지식은 기독교 공동체 내에서 주변 사람들에게 곧 영향을 미칠 것이다. 그리고 점점 밝아지는 우리의 빛을 함께 하나님의 가정을 이루는 다른 구성원들과 나누려고 노력해야 한다.

그렇게 하기 위해서는 우리의 모든 공적인 섬김에서 하나님의 위엄에 온전히 초점을 맞추어야 한다. 개인적인 기도가 하나님으로 채워져야 할 뿐 아니라, 우리의 증언과 노래와 전파와 저술도 우리의 거룩하신 인격체, 우리의 거룩하신 주님이 중심이어야 한다. 더불어 그분의 큰 존엄과 능력을 계속해서 찬양해야 한다. 하늘에 계신 존엄하신 분의 오른편에는 우리를 성실하게 대변하시는 영광스러운 분이 계신다. 우리는 한동안 사람들 가운데 있을 것이다. 이곳에서 그분을 성실하게 대변하자.

주

1) Nicholas of Cusa, *The Vision of God*. E. P. Dutton & Sons, New York, 1928. p. 60.
2) 같은 책. pp. 58-59.
3) Richard. Rolle, *The Amending of Life*. John M. Watkins, London, 1922. pp. 83-84.
4) *The Cloud of Unknowing*. John M. Watkins, London, 1946.「무지의 구름」, 엄성옥 옮김(은성, 2000)
5) Michael de Molinos, *The Spiritual Guide*. Methune & Co., Ltd., London, sixth edition, 1950. p. 56.「몰리노스의 영성교훈」(은성, 2003)
6) 같은 책. pp. 56-57.
7) Julian of Norwich, *Revelations of Divine Love*. Methune & Co., Ltd., London, seventh edition 1920. pp. 14-15.
8) Thomas Traherne, Centuries of Meditations. P. J. and A. E. Dobell, London, 1948. p. 6.
9) The Athanasian Creed. 아타나시우스 신앙고백
10) Thomas Carlyle, *Heroes and Hero Worship*. Henry Altemus Co., Philadelphia. pp. 14-15.「영웅 숭배론」, 박상익 옮김(한길사, 2003)
11) Michael de Molinos. 앞의 책, p. 58.
12) St. Anselm, *Proslogium*. Open Court Publishing Co., LaSalle, Ⅲ.,

1903. p. 6. 「프로슬로기온」, 공성철 옮김(한들출판사, 2005)

13) Novatian, *On the Trinity*. Macmillan Co., New York, 1919. p. 25.

14) Michael de Molinos, 앞의 책, p. 58.

15) Julian of Norwich, 앞의 책, p. 27.

16) Nicholas of Cusa, 앞의 책, pp. 48, 49, 50.

17) Tennyson, *In Memoriam*.

18) St. Anselm, 앞의 책, p. 3.

19) Novatian, 앞의 책, pp. 26−27.

20) St. Anselm, 앞의 책, pp. 24−25.

21) Rudolf Otto, *The Idea of the Holy*. Oxford University Press New York, 1958. P. 24.

22) Johann Peter Eckermann, *Conversations with Eckermann*. M. Walter Dunn, Washington and London, 1901. P. 45.

23) *A New Dictionary of Quotations*, Selected and Edited by H. L. Mencken. Alfred A. Knopf, New York, 1942. pp. 462-463.

24) Nicholas of Cusa, 앞의 책, p. 12.

25) St. Anselm, 앞의 책, p. 14.

26) Julian of Norwich, 앞의 책, p. 58.

사명선언문

너희가 흠이 없고 순전하여……세상에서 그들 가운데 빛들로
나타내며 생명의 말씀을 밝혀 _ 빌 2:15-16

1. 생명을 담겠습니다
만드는 책에 주님 주신 생명을 담겠습니다.
그 책으로 복음을 선포하겠습니다.

2. 말씀을 밝히겠습니다
생명의 근본은 말씀입니다.
말씀을 밝혀 성도와 교회의 성장을 돕겠습니다.

3. 빛이 되겠습니다
시대와 영혼의 어두움을 밝혀 주님 앞으로 이끄는
빛이 되는 책을 만들겠습니다.

4. 순전히 행하겠습니다
책을 만들고 전하는 일과 경영하는 일에 부끄러움이 없는
정직함으로 행하겠습니다.

5. 끝까지 전파하겠습니다
모든 사람에게, 땅 끝까지, 주님 오시는 그날까지
복음을 전하는 사명을 다하겠습니다.

서점 안내

광화문점 서울시 종로구 새문안로 69 구세군회관 1층
         02)737-2288 / 02)737-4623(F)

강남점   서울시 서초구 신반포로 177 반포쇼핑타운 3동 2층
         02)595-1211 / 02)595-3549(F)

구로점   서울시 동작구 시흥대로 602, 3층 302호
         02)858-8744 / 02)838-0653(F)

노원점   서울시 노원구 동일로 1366 삼봉빌딩 지하 1층
         02)938-7979 / 02)3391-6169(F)

일산점   경기도 고양시 일산서구 중앙로 1391 레이크타운 지하 1층
         031)916-8787 / 031)916-8788(F)

의정부점 경기도 의정부시 청사로47번길 12 성산타워 3층
         031)845-0600 / 031)852-6930(F)

인터넷서점 www.lifebook.co.kr